Noveller på Engelska

Korta berättelser på Engelska för nybörjare och elever på mellanstadiet

Will Taylor

greenthumbpublishing@gmail.com

Innehåll

Introduktion

Att läsa på ett främmande språk är ett av de mest effektiva sätten att förbättra språkkunskaperna och utöka ordförrådet. Det kan dock ibland vara svårt att hitta engagerande läsmaterial på en lämplig nivå som ger en känsla av prestation och framsteg. De flesta böcker och artiklar som är skrivna för modersmålstalare kan vara för långa och svåra att förstå eller ha ett ordförråd på mycket hög nivå så att du känner dig överväldigad och ger upp. Om dessa problem låter bekanta är den här boken något för dig!

Noveller på Engelska är en samling av 25 okonventionella och underhållande noveller som är utformade för att hjälpa nybörjare och elever på mellannivå Engelska att förbättra sina språkkunskaper.

Dessa noveller skapar en stödjande läsmiljö genom att innehålla:

- Ett rikt språkligt innehåll i olika genrer som underhåller dig och ger dig en mängd olika ordformer.
- Kortare berättelser i kapitel för att ge dig nöjet att avsluta berättelser och göra snabba framsteg.
- Texter som är skrivna på din nivå så att de är lättare att förstå och inte överväldigande.
- Svensk översättning på växlande sidor, så att du kan läsa den rad för rad när du läser berättelsen Engelska.
- Nyckelord är tryckta i fetstil i berättelsen och översättningen för att hjälpa dig att lättare förstå okända ord.
- Förståelsefrågor för att testa din förståelse av viktiga händelser och för att uppmuntra dig att läsa mer i detalj.

Oavsett om du vill utöka ditt ordförråd, förbättra din förståelse eller bara läsa för skojs skull är den här boken det största steget framåt du kan ta i dina studier i år. Noveller på Engelska ger dig allt stöd du behöver, så luta dig tillbaka, slappna av och låt fantasin flöda när du förflyttas till en magisk värld av äventyr, mysterier och intriger - på Engelska!

Hur du använder den här boken

Läsning är en svår talang att bemästra. Vi använder en rad mikrofärdigheter för att hjälpa oss att läsa på våra modersmål. Vi kan till exempel skumma ett avsnitt för att få en grov förståelse, eller en kontentan, av vad det handlar om. Vi kan också kamma igenom många sidor i en tågplan för att hitta en viss tid eller plats. Medan dessa mikrofärdigheter är en självklarhet när vi läser på våra modersmål, visar forskning att vi ofta glömmer de flesta av dem när vi läser på ett främmande språk. När vi lär oss ett främmande språk börjar vi vanligtvis i början av en text och arbetar oss igenom den och försöker förstå varje enskilt ord. Det är oundvikligt att vi stöter på obekanta eller komplicerade termer och blir irriterade över vår oförmåga att förstå dem.

En av de största fördelarna med att läsa på ett främmande språk är att du får tillgång till ett stort antal fraser och uttryck som används i vardagliga situationer. Extensiv läsning är en term som används för att beskriva läsning för nöjes skull för att lära sig ett språk. Det är inte som att läsa en lärobok, då konversationer eller texter är utformade för att läsas långsamt och noggrant med målet att förstå varje ord. "Intensiv läsning" avser läsning som görs för att uppnå specifika inlärningsmål eller slutföra uppgifter. För att uttrycka det på ett annat sätt: grundlig läsning i läroböcker hjälper vanligtvis till att lära sig grammatiska regler och särskilt ordförråd, men omfattande läsning av berättelser hjälper till att lära sig det naturliga språket.

Noveller på Engelska ger dig möjligheter att lära dig mer

om det naturliga Engelska språket i bruk, även om du kanske har börjat din språkinlärningsresa med enbart läroböcker. Här är några tips att tänka på när du läser berättelserna i den här boken för att få ut så mycket som möjligt av dem: När det gäller läsning är nöje och en känsla av att ha uppnått något avgörande. Du fortsätter att komma tillbaka för mer eftersom du tycker om det du läser. Att läsa varje berättelse från början till slut är den bästa metoden för att njuta av att läsa berättelser och känna sig fulländad. Följaktligen är det mest avgörande att komma till slutet av en berättelse. Det är faktiskt mer avgörande än att kunna varje enskilt ord.

Ju mer du läser, desto mer kunskap får du. Om du läser större böcker för nöjes skull kommer du snabbt att få kunskap om hur Engelska fungerar. Tänk dock på att för att få alla fördelar av omfattande läsning måste du först läsa en tillräckligt stor volym. Om du läser några sidor här och där kan du kanske lära dig några nya ord, men det kommer inte att göra någon större skillnad i din totala nivå av Engelska.

Acceptera att du inte kommer att förstå allt du läser i en roman. Detta är utan tvekan den viktigaste punkten! Kom alltid ihåg att det är helt acceptabelt att inte förstå alla ord eller meningar. Det innebär inte att dina språkkunskaper är otillräckliga eller att du presterar dåligt. Det tyder på att du aktivt deltar i inlärningsprocessen.

Läsguide

För att få ut så mycket som möjligt av att läsa Noveller på Engelska är det bäst om du följer denna enkla läsprocess i sex steg för varje kapitel i berättelserna:

1. Läs kapitlets titel. Tänk på vad berättelsen kan handla om. Läs sedan berättelsen hela vägen igenom. Ditt mål är helt enkelt att nå slutet av berättelsen. Stanna därför inte upp för att slå upp ord och oroa dig inte om det finns saker som du inte förstår. Försök helt enkelt att följa handlingen.

2. När du når slutet av berättelsen ska du skanna den svenska översättningen för att se om du har förstått vad som har hänt och ta upp eventuella sammanhang som du kan ha missat.

3. Gå tillbaka och läs samma berättelse igen. Om du vill kan du fokusera mer på berättelsens detaljer än tidigare, men annars är det bara att läsa igenom den en gång till.

4. Arbeta sedan igenom förståelsefrågorna i Engelska för att kontrollera din förståelse av viktiga händelser i berättelsen. Om du inte förstår frågorna helt och hållet ska du inte oroa dig. Använd dina kunskaper för att svara så gott du kan.

5. Vid det här laget bör du ha en viss förståelse för de viktigaste händelserna i kapitlet. Om inte kan du läsa om kapitlet några gånger med hjälp av översättningen för att kontrollera okända ord och fraser tills du känner dig säker.

När du är redo och säker på att du förstår vad som har

hänt - oavsett om det är efter en eller flera läsningar av berättelsen - går du vidare till nästa berättelse och fortsätter att njuta av berättelsen i din egen takt, precis som du skulle göra med vilken annan bok som helst.

Först när du har avslutat en berättelse i sin helhet bör du överväga att gå tillbaka och studera berättelsespråket mer ingående om du vill. Eller i stället för att oroa dig för att förstå allt, ta dig tid att fokusera på allt du har förstått och gratulera dig själv till allt du har gjort.

Noveller på Engelska

The Lake District

The Lake District is a beautiful place. It's full of green hills, clear lakes, and fresh air. I love to go there for walks and picnics. One day, I decided to take a walk around one of the lakes. The sun was shining and the water looked so inviting. I walked for a while, enjoying the scenery. Suddenly, I heard a noise behind me. It sounded like someone was following me! I turned around and saw a man walking towards me with an angry look on his **face**. He was carrying a knife! I started to run away from him as fast as I could. Luckily, I managed to lose him in the maze of trees and bushes near the lake **shoreline**. I was shaken after my encounter with the man with the knife. I decided to head back to the picnic area where my **friends** were waiting for me.

As I walked, I couldn't help but feel like someone was **watching** me. When I got back to the picnic area, my friends were relieved to see me. We packed up our things and went home. I didn't tell them about what had happened, but it was hard to forget. A few days later, I decided to go for another **walk** around the lake. This time, I took a different route. But once again, I heard footsteps behind me and felt like someone was following me. I am getting really scared now. I started to run, but the footsteps got **closer** and closer. Suddenly,

Sjödistriktet

Lake District är en vacker plats. Det är fullt av gröna kullar, klara sjöar och frisk luft. Jag älskar att åka dit på promenader och picknickar. En dag bestämde jag mig för att ta en promenad runt en av sjöarna. Solen sken och vattnet såg så inbjudande ut. Jag gick en stund och njöt av landskapet. Plötsligt hörde jag ett ljud bakom mig. Det lät som om någon följde efter mig! Jag vände mig om och såg en man gå mot mig med en arg blick i **ansiktet**. Han bar på en kniv! Jag började springa bort från honom så fort jag kunde. Som tur var lyckades jag förlora honom i labyrinten av träd och buskar nära **sjöstranden**. Jag var skakad efter mitt möte med mannen med kniven. Jag bestämde mig för att gå tillbaka till picknickplatsen där mina **vänner** väntade på mig.

När jag gick kunde jag inte låta bli att känna att någon **iakttog** mig. När jag kom tillbaka till picknickplatsen var mina vänner lättade över att se mig. Vi packade ihop våra saker och gick hem. Jag berättade inte för dem om vad som hade hänt, men det var svårt att glömma. Några dagar senare bestämde jag mig för att ta en ny **promenad** runt sjön. Den här gången tog jag en annan väg. Men återigen hörde jag fotsteg bakom mig och det kändes som om någon följde efter mig. Jag börjar bli riktigt rädd nu. Jag började springa, men fotstegen kom

someone grabbed me from behind! I screamed as loud as I could. Luckily, it was just my friend playing a prank on me. But even though it wasn't a real attacker, my **heart** was still pounding in my chest. After that incident, I didn't go for any more walks around the lake by myself. It was just too scary. But every time I went there with friends or family, I couldn't help but feel like someone was watching me from the **shadows**.

One year later, I finally summoned the **courage** to go for a walk around the lake by myself again. I told myself that I was being silly and that there was nothing to be afraid of. But as soon as I started walking, I heard those footsteps again. This time, they were closer than ever before. I was about to **scream** when I heard a voice behind me. "Don't worry, I'm not going to hurt you." It was the man with the knife! He explained that he had been following me because he wanted to apologise for scaring me. He said that he was going through a tough time in his life and hadn't meant to scare me. We ended up talking for a while, and I found out that he wasn't really a bad guy after all. We became friends and now go for **walks** around the lake together all the time. The Lake District is a **beautiful** place, full of memories for me. It's where I made a new friend and overcame my fear. Every time I go there, I feel happy and safe.

närmare och närmare. Plötsligt tog någon tag i mig bakifrån! Jag skrek så högt jag kunde. Som tur var var det bara min kompis som spelade mig ett spratt. Men även om det inte var en riktig angripare så bultade mitt **hjärta** fortfarande i bröstet. Efter den händelsen tog jag inga fler promenader runt sjön på egen hand. Det var helt enkelt för läskigt. Men varje gång jag gick dit med vänner eller familj kunde jag inte låta bli att känna att det kändes som om någon iakttog mig från **skuggorna**.

Ett år senare tog jag äntligen **mod till** mig och tog en promenad runt sjön på egen hand igen. Jag intalade mig själv att jag var dum och att det inte fanns något att vara rädd för. Men så fort jag började gå hörde jag fotstegen igen. Den här gången var de närmare än någonsin tidigare. Jag höll på att **skrika** när jag hörde en röst bakom mig. "Oroa dig inte, jag ska inte göra dig illa." Det var mannen med kniven! Han förklarade att han hade följt efter mig för att han ville be om ursäkt för att han skrämde mig. Han sa att han gick igenom en tuff tid i sitt liv och att han inte hade menat att skrämma mig. Det slutade med att vi pratade en stund, och jag fick reda på att han egentligen inte var någon dålig kille trots allt. Vi blev vänner och går nu på **promenader** runt sjön tillsammans hela tiden. Lake District är en **vacker** plats som är full av minnen för mig. Det är där jag fick en ny vän och övervann min rädsla. Varje gång jag åker dit känner jag mig lycklig och trygg.

Comprehension Questions

1. What does the protagonist love to do in the Lake District?

2. What does the protagonist see when they look at the lake?

3. What does the protagonist hear when they are walking around the lake?

4. Who is following the protagonist around the lake?

5. What does the protagonist do when they hear someone following them?

6. Does the protagonist ever find out who was following them around the lake?

7. Does the protagonist go for any more walks around the lake by themselves?

8. How does the protagonist feel when they are in the Lake District?

9. What is the protagonist's favourite memory of the Lake District?

10. Does the protagonist ever see the man with the knife again?

Frågor om förståelse

1. Vad älskar huvudpersonen att göra i Lake District?

2. Vad ser huvudpersonen när han tittar på sjön?

3. Vad hör huvudpersonen när de går runt sjön?

4. Vem följer huvudpersonen runt sjön?

5. Vad gör huvudpersonen när de hör att någon följer efter dem?

6. Får huvudpersonen någonsin reda på vem som följde efter dem runt sjön?

7. Gör huvudpersonen fler promenader runt sjön på egen hand?

8. Hur känner sig huvudpersonen när de är i Lake District?

9. Vilket är huvudpersonens favoritminne från Lake District?

10. Ser huvudpersonen någonsin mannen med kniven igen?

Snowdonia

The first time I ever saw Snowdonia was in a **dream**. It was a cold winter night and the snow was falling gently from the sky. The landscape was so beautiful and peaceful that I felt like I could stay there forever. I woke up the next **morning** with the image of Snowdonia burned into my mind. I knew that I had to see it for myself someday. A few years later, I finally made the trip to Snowdonia National Park in Wales. As soon as I arrived, I understood why my dreams had been so filled with this place. It was like nowhere else on Earth. The mountains loomed large overhead, their peaks covered in **snow** even though it was summertime down in the valley below. There were wildflowers blooming everywhere, and the air smelled fresh and clean. Every day during my visit, I went on new adventures, **exploring** different parts of Snowdonia. One day, I hiked to the top of Mount Snowdon, the highest peak in Wales.

Another day I took a **boat** ride across Llyn Glaslyn, admiring the stunning scenery along the way. And on one memorable evening, I sat outside under the **night** sky, watching as shooting stars streaked across the dark abyss above me. But no matter what activity I did each day or how long I stayed in Snowdonia National **Park**, there was always one thing that drew me back to

Snowdonia

Första gången jag såg Snowdonia var i en **dröm**. Det var en kall vinternatt och snön föll mjukt från himlen. Landskapet var så vackert och fridfullt att jag kände att jag kunde stanna där för alltid. Jag vaknade nästa **morgon** med bilden av Snowdonia inbränd i mitt huvud. Jag visste att jag var tvungen att se det med egna ögon någon gång. Några år senare gjorde jag äntligen resan till Snowdonia National Park i Wales. Så snart jag kom fram förstod jag varför mina drömmar hade varit så fyllda av denna plats. Det var som ingen annanstans på jorden. Bergen tornade upp sig över oss, deras toppar var täckta av **snö trots att det var** sommar nere i dalen nedanför. Det blommade vilda blommor överallt och luften luktade friskt och rent. Varje dag under mitt besök gav jag mig ut på nya äventyr och **utforskade** olika delar av Snowdonia. En dag vandrade jag till toppen av Mount Snowdon, den högsta toppen i Wales.

En annan dag tog jag en båttur över Llyn Glaslyn och beundrade det fantastiska landskapet längs vägen. Och en minnesvärd kväll satt jag utomhus under natthimlen och tittade på hur stjärnfallet strök över den mörka avgrunden ovanför mig. Men oavsett vilken aktivitet jag gjorde varje dag eller hur länge jag stannade i Snowdonia National **Park** fanns det alltid en sak som drog mig tillbaka till den första magiska natten för länge

that first magical night long ago: standing among those towering **mountains** and looking out at the majestic view of valleys blanketed in snow. It was my last day in Snowdonia National Park, and I woke up early to make the most of it. I had already packed my bags and said goodbye to the friends I had made during my stay, so all that was left was to explore one last time. I decided to take a walk through the woods near my campsite. The sun was just starting to peek through the trees as I began walking, and the forest floor was covered in a **blanket** of mist. As I walked deeper into the woods, I started hearing strange noises. It sounded like someone was following me, but every time I turned around, there was no one there. Suddenly, I heard a loud crash behind me and I turned around to see a massive grizzly **bear** standing right in front of me! I was paralyzed with fear as I stared into the bear's eyes.

It seemed like time stood still as we just looked at each other. Then, without warning, the bear charged towards me! I turned and ran as fast as I could, but there was no way I could outrun a grizzly bear. Just when it seemed like the bear was about to catch up to me, I tripped on a root and fell to the ground. The next thing I knew, the bear was gone and I was lying in a heap on the **forest** floor.

sedan: att stå bland de höga **bergen** och titta ut på den majestätiska utsikten över dalar täckta av snö. Det var min sista dag i Snowdonia National Park, och jag vaknade tidigt för att få ut det mesta av den. Jag hade redan packat mina väskor och tagit farväl av de vänner jag hade fått under min vistelse, så allt som återstod var att utforska en sista gång. Jag bestämde mig för att ta en promenad genom skogen i närheten av min campingplats. Solen hade precis börjat skymta genom träden när jag började gå, och skogsbotten var täckt av ett **täcke** av dimma. När jag gick djupare in i skogen började jag höra konstiga ljud. Det lät som om någon följde efter mig, men varje gång jag vände mig om fanns det ingen där. Plötsligt hörde jag en högljudd smäll bakom mig och jag vände mig om för att se en massiv **grizzlybjörn** stå rakt framför mig! Jag var paralyserad av rädsla när jag stirrade in i björnens ögon.

Det verkade som om tiden stod stilla när vi bara tittade på varandra. Sedan, utan förvarning, rusade björnen mot mig! Jag vände mig om och sprang så fort jag kunde, men det fanns ingen möjlighet att springa ifrån en grizzlybjörn. Precis när det verkade som om björnen skulle komma ikapp mig snubblade jag på en rot och föll till marken. Det nästa jag visste var att björnen var borta och jag låg i en hög på skogsgolvet.

Comprehension Questions

1. What does the author dream about?

2. What does the author think about the dream?

3. What does the author do when they wake up?

4. What does the author think when they see Snowdonia National Park?

5. What does the author do each day during their visit?

6. What is the author's favorite part of Snowdonia National Park?

7. What does the author do on their last day in Snowdonia National Park?

8. What does the author hear while walking in the woods?

9. What does the author see when they turn around?

10. What happens when the author falls to the ground?

Frågor om förståelse

1. Vad drömmer författaren om?

2. Vad tycker författaren om drömmen?

3. Vad gör författaren när de vaknar?

4. Vad tänker författaren när han ser Snowdonia National Park?

5. Vad gör författaren varje dag under sitt besök?

6. Vad är författarens favoritdel av Snowdonia National Park?

7. Vad gör författaren på sin sista dag i Snowdonia National Park?

8. Vad hör författaren när han går i skogen?

9. Vad ser författaren när de vänder sig om?

10. Vad händer när författaren faller till marken?

Dartmoor

The moor was a dark and foreboding place. Even the animals seemed to sense the **danger** that lurked within their shadows. But there was one creature that was not afraid of the moor, or anything else for that matter. That creature was a **small**, black cat named Dartmoor. Dartmoor had been born on the moor and had never known any other life. He roamed freely, going where he pleased and doing as he liked. He knew every nook and cranny of the moor, and there wasn't a thing that could scare him. One night, as Dartmoor was prowling around his favorite part of the moor, he heard a strange **noise**. It sounded like someone was crying. He followed the sound until he came to a clearing where he saw a **woman** sitting on the ground with her head in her hands. She looked up when she heard him approach, and darting forward, she scooped him into her arms.

The woman was crying uncontrollably now, and Dartmoor could feel her **shaking**. He didn't know what to do, so he just sat there and let her cry. After a few minutes, she began to calm down, and she looked at him with gratitude. "Thank you for being here," she said. "My name is Sarah." Sarah told Dartmoor that she had been out hiking when she got lost. She had been walking for hours, trying to find her way back,

Dartmoor

Myren var en mörk och hotfull plats. Till och med djuren tycktes känna **faran** som lurade i deras skuggor. Men det fanns en varelse som inte var rädd för myren, eller något annat för den delen. Den varelsen var en **liten**, svart katt vid namn Dartmoor. Dartmoor hade fötts på heden och hade aldrig känt något annat liv. Han strövade fritt omkring, gick vart han ville och gjorde som han ville. Han kände till varje hörn och skrymsle på mooren och det fanns inte en sak som kunde skrämma honom. En natt, när Dartmoor strövade runt på sin favoritdel av heden, hörde han ett konstigt **ljud**. Det lät som om någon grät. Han följde ljudet tills han kom till en glänta där han såg en **kvinna** sitta på marken med huvudet i händerna. Hon tittade upp när hon hörde honom närma sig och sprang fram och tog honom i sin famn.

Kvinnan grät okontrollerat nu och Dartmoor kunde känna hur hon **skakade**. Han visste inte vad han skulle göra, så han satt bara där och lät henne gråta. Efter några minuter började hon lugna ner sig och hon tittade tacksamt på honom. “Tack för att du är här”, sade hon. “Jag heter Sarah.” Sarah berättade för Dartmoor att hon hade varit ute och vandrat när hon gick vilse. Hon hade gått i timmar och försökt hitta tillbaka, men det verkade

but she couldn't seem to find the right path. She was **exhausted** and scared, and when she saw Dartmoor, she felt like he was a sign from God that everything would be alright. Dartmoor stayed with Sarah all night, keeping her warm and comforting her until morning came. When the **sun** rose over the moor, Sarah felt better. She was still tired but no longer scared.

Looking at Dartmoor sleeping peacefully next to her made her feel safe somehow. Slowly getting up, she dusted off her clothes before looking around. She saw the **path** then and realised where she had gone wrong last night. It all looked so different in the daylight. But one thing was for sure, she would never **forget** what this little cat had done for her & how he'd shown her that even in the darkest of places, there can be light. Sarah made her way back to the path and began the hike back to her car. She was **tired**, but she felt lighter, as if a weight had been lifted off of her shoulders. Every now and then she would look back, half expecting to see Dartmoor following her, but he was **nowhere** to be seen. She reached her car a few hours later and drove home, feeling grateful for the experience and for the little cat who had saved her.

som om hon inte kunde hitta rätt väg. Hon var **utmattad** och rädd, och när hon såg Dartmoor kände hon att han var ett tecken från Gud att allt skulle bli bra. Dartmoor stannade hos Sarah hela natten, höll henne varm och tröstade henne tills morgonen kom. När **solen** gick upp över heden kände sig Sarah bättre. Hon var fortfarande trött men inte längre rädd.

När hon såg på Dartmoor som sov lugnt bredvid henne kände hon sig på något sätt trygg. Långsamt reste hon sig upp och dammade av sina kläder innan hon såg sig omkring. Då såg hon **stigen och** insåg var hon hade gjort fel i går kväll. Allt såg så annorlunda ut i dagsljus. Men en sak var säker, hon skulle aldrig **glömma** vad den här lilla katten hade gjort för henne & hur han hade visat henne att även på de mörkaste platserna kan det finnas ljus. Sarah tog sig tillbaka till stigen och började vandringen tillbaka till bilen. Hon var **trött**, men hon kände sig lättare, som om en vikt hade lyfts från hennes axlar. Då och då tittade hon bakåt, halvt förväntade hon sig att se Dartmoor följa efter henne, men han var **ingenstans** att se. Hon nådde sin bil några timmar senare och körde hem, med en känsla av tacksamhet för upplevelsen och för den lilla katten som hade räddat henne.

Comprehension Questions

1. What was the name of the cat?

2. Where was the cat born?

3. What noise did the cat hear?

4. Who was the woman?

5. Why was the woman crying?

6. What did Sarah say to the cat?

7. How did Sarah feel when she woke up?

8. Where was Sarah going?

9. What did Sarah think of Dartmoor?

10. What do you think happened to Dartmoor after Sarah left?

Frågor om förståelse

1. Vad hette katten?

2. Var föddes katten?

3. Vilket ljud hörde katten?

4. Vem var kvinnan?

5. Varför grät kvinnan?

6. Vad sa Sarah till katten?

7. Hur kände sig Sara när hon vaknade?

8. Vart skulle Sara gå?

9. Vad tyckte Sarah om Dartmoor?

10. Vad tror du att det hände med Dartmoor efter att Sarah hade åkt?

Norfolk Broads

The Norfolk Broads are a **beautiful** place. They are full of life and color. The **sky** is so blue and the water is so clear. It's like a piece of heaven on earth. I remember the first time I went there. I was just a young girl, but I fell in love with it **instantly**. There's something about the **peace** and tranquility of the place that just makes you feel at ease. It's like nothing else matters when you're there. Since then, I've been back many times, and each time it feels like coming home. Even though I live far away from the Broads now, they will always have a special place in my heart. " I was heading to the Broads for my annual visit. I always go at the same time each **year**, and it's like a little piece of heaven on earth.

The journey there is always so peaceful and calming, and I can't help but feel happy as I approach my destination. As soon as I arrive, I head straight to the **water**. There's something about being on the boat that makes me feel so free and alive. It's like all my worries just disappeared into thin air. I spend every day exploring different parts of the Broads, and each time it feels like a new **adventure**. Even though it's been years since my first visit, the place still feels just as **magical** to me. " It's been a tough year, and I really needed to get away from it all. So, I decided to head to the Broads

Norfolk Broads

Norfolk Broads är en **vacker** plats. De är fulla av liv och färg. **Himlen** är så blå och vattnet är så klart. Det är som en bit av himlen på jorden. Jag minns första gången jag åkte dit. Jag var bara en ung flicka, men jag blev **genast** förälskad i det. Det är något med **lugnet** och **friden** på platsen som gör att man bara känner sig bekväm. Det är som om inget annat spelar någon roll när man är där. Sedan dess har jag varit tillbaka många gånger, och varje gång känns det som att komma hem. Även om jag bor långt ifrån Broads nu kommer de alltid att ha en speciell plats i mitt hjärta. " Jag var på väg till Broads för mitt årliga besök. Jag åker alltid dit vid samma tid varje **år,** och det är som en liten bit av himlen på jorden.

Resan dit är alltid så fridfull och lugnande, och jag kan inte låta bli att känna mig lycklig när jag närmar mig min destination. Så fort jag kommer fram går jag direkt till **vattnet**. Det är något med att vara på båten som får mig att känna mig så fri och levande. Det är som om alla mina bekymmer bara försvann i luften. Jag tillbringar varje dag med att utforska olika delar av Broads, och varje gång känns det som ett nytt **äventyr**. Även om det har gått flera år sedan mitt första besök känns platsen fortfarande lika **magisk** för mig. " Det har varit ett tufft

for some much-needed rest and relaxation. As soon as I arrived, I could feel my stress melting away. The peace and tranquility of the place is like nothing else. I spent my days exploring different parts of the Broads, and each day was more **relaxing** than the last.

I even got to go on a few boat rides, which were absolutely amazing. There's something about being out on the water that just makes you feel so alive. " I'm so grateful to have found the Broads. It's like a little piece of **heaven** on earth that I can always escape to when life gets too tough. Whenever I'm there, I feel like all my worries just disappear and I can just relax and **enjoy** myself. It's become my happy place, and I look forward to my annual visits more than anything else. Each time I go, it feels like coming home. " The Broads will always have a **special** place in my heart. It's a place where I can go to escape the hustle and bustle of everyday life and just relax and enjoy myself. It's like a little piece of heaven on earth that I can always come back to. "

år och jag behövde verkligen komma bort från allt. Så jag bestämde mig för att åka till Broads för att få lite välbehövlig vila och avkoppling. Så snart jag kom fram kunde jag känna hur min stress smälte bort. Det är en plats med ett lugn och en frid som inte liknar något annat. Jag tillbringade mina dagar med att utforska olika delar av Broads, och varje dag var mer **avkopplande** än den andra.

Jag fick till och med åka på några båtturer, som var helt fantastiska. Det är något med att vara ute på vattnet som får en att känna sig så levande. “Jag är så tacksam över att ha hittat Broads. Det är som en liten bit av **himlen** på jorden som jag alltid kan fly till när livet blir för tufft. När jag är där känns det som om alla mina bekymmer bara försvinner och jag kan bara slappna av och **njuta**. Det har blivit min lyckliga plats och jag ser fram emot mina årliga besök mer än något annat. Varje gång jag åker dit känns det som att komma hem. “Broads kommer alltid att ha en **speciell** plats i mitt hjärta. Det är en plats dit jag kan åka för att fly från vardagens stress och hets och bara koppla av och njuta av mig själv. Det är som en liten bit av himlen på jorden som jag alltid kan komma tillbaka till. “

Comprehension Questions

1. What is the author's opinion of the Norfolk Broads?

2. What does the author remember about her first visit to the Norfolk Broads?

3. How does the author feel when she is on a boat in the Broads?

4. Why does the author keep going back to the Broads?

5. What does the author think of the Broads compared to other places?

6. What is the author's favorite thing to do in the Broads?

7. What does the author think of the journey to the Broads?

8. How does the author feel when she arrives in the Broads?

9. What does the author think of the peace and tranquility of the Broads?

10. What is the author's opinion of her annual visits to the Broads?

Frågor om förståelse

1. Vad anser författaren om Norfolk Broads?

2. Vad minns författaren från sitt första besök i Norfolk Broads?

3. Vad känner författaren när hon är på en båt i Broads?

4. Varför återvänder författaren hela tiden till Broads?

5. Vad tycker författaren om Broads jämfört med andra platser?

6. Vad är författarens favoritsak att göra i Broads?

7. Vad tycker författaren om resan till Broads?

8. Vad känner författaren när hon kommer till Broads?

9. Vad tycker författaren om friden och lugnet i Broads?

10. Vad anser författaren om sina årliga besök i Broads?

The New Forest

The New Forest is a **beautiful** place. It's full of trees and wildlife, and it's a great place to relax and enjoy nature. However, there is something else that makes the New Forest special. There are rumours that the **forest** is home to a creature known as the Beast of Brayton. The Beast is said to be a large, ferocious animal that roams the forest at night, preying on anything that crosses its path. Some say it's a **bear**, others say it's a wolf or even a dragon. No one knows for sure what the Beast looks like because no one has ever seen it and lived to tell the tale. One summer evening, two young boys were playing in the forest when they heard something **moving** in the bushes nearby. They froze in fear as whatever was making the noise began to approach them. The boys were petrified as the creature stepped out from the **shadows**. It was a massive, furry beast with glowing red eyes.

The Beast let out a loud roar that echoed through the forest. The boys ran for their lives, but the Beast was faster and soon caught up to them. One of the boys tripped and fell to the ground. The Beast pounced on him and began to devour him alive. The other boy

New Forest

New Forest är en **vacker** plats. Den är full av träd och vilda djur och det är en fantastisk plats att koppla av och njuta av naturen. Det finns dock något annat som gör New Forest speciell. Det finns rykten om att **skogen** är hemvist för en varelse som kallas Beast of Brayton. Odjuret sägs vara ett stort, vildsint djur som vandrar runt i skogen på natten och som jagar allt som korsar dess väg. Vissa säger att det är en **björn**, andra säger att det är en varg eller till och med en drake. Ingen vet säkert hur odjuret ser ut eftersom ingen någonsin har sett det och levt för att berätta om det. En sommarkväll lekte två unga pojkar i skogen när de hörde något som **rörde sig** i buskarna i närheten. De stelnade av rädsla när det som gjorde ljudet började närma sig dem. Pojkarna blev förstenade när varelsen steg fram ur **skuggorna**. Det var ett massivt, lurvigt odjur med glödande röda ögon.

Odjuret lät ett högt vrål som ekade genom skogen. Pojkarna sprang för sina liv, men odjuret var snabbare och hann snart ikapp dem. En av pojkarna snubblade och föll till marken. Odjuret hoppade på honom och började sluka honom levande. Den andra pojken

managed to escape and ran all the way home, where he told his **parents** what had happened. They went back to look for his friend, but there was no trace of him or the Beast. It's been several years since that fateful night in the New Forest, but people still talk about what happened. Some say they've seen the Beast roaming around at night, while others claim it doesn't exist at all. Regardless of what people believe, one thing is certain: if you go into the New Forest after dark, be prepared for anything. The boy who survived the **attack** has grown up now and rarely goes into the forest anymore. He still has nightmares about that night, and he can't shake the feeling that the Beast is still out there, waiting to prey on unsuspecting victims.

One summer evening, he decides to venture into the New Forest again. He's not sure what draws him back, but he feels like he needs to face his **fears**. As he walks through the woods, he hears a branch snap behind him. He turns around and sees the Beast **standing** before him. It hasn't changed at all in the years since they last met. The boy knows this is his chance to finally end things between them once and for all.

lyckades fly och sprang hela vägen hem, där han berättade för sina **föräldrar** vad som hade hänt. De gick tillbaka för att leta efter sin vän, men det fanns inga spår av honom eller odjuret. Det har gått flera år sedan den ödesdigra natten i New Forest, men folk pratar fortfarande om vad som hände. Vissa säger att de har sett odjuret vandra omkring på natten, medan andra hävdar att det inte alls existerar. Oavsett vad folk tror är en sak säker: om du går in i New Forest efter mörkrets inbrott ska du vara beredd på vad som helst. Pojken som överlevde **attacken** har vuxit upp nu och går sällan ut i skogen längre. Han har fortfarande mardrömmar om den natten och han kan inte skaka av sig känslan av att Odjuret fortfarande finns där ute och väntar på att bli ett byte för intet ont anande offer.

En sommarkväll bestämmer han sig för att bege sig till New Forest igen. Han är inte säker på vad som lockar honom tillbaka, men han känner att han måste möta sina **rädslor**. När han går genom skogen hör han en gren knäcka bakom sig. Han vänder sig om och ser Odjuret **stå** framför sig. Det har inte förändrats alls under de år som gått sedan de träffades sist. Pojken vet att detta är hans chans att äntligen få slut på saker och ting mellan dem en gång för alla.

Comprehension Questions

1. What is the New Forest?

2. What makes the New Forest special?

3. What are the rumours about the Beast of Brayton?

4. What did the boys see when they were playing in the forest?

5. What happened to one of the boys?

6. What did the other boy do?

7. What have people been saying about the Beast since the attack?

8. What does the boy who survived the attack think about the Beast?

9. What happens when the boy who survived the attack goes back into the forest?

10. Why does the Beast spare the boy?

Frågor om förståelse

1. Vad är New Forest?

2. Vad är det som gör New Forest speciell?

3. Vad är ryktena om Odjuret från Brayton?

4. Vad såg pojkarna när de lekte i skogen?

5. Vad hände med en av pojkarna?

6. Vad gjorde den andra pojken?

7. Vad har folk sagt om Odjuret sedan attacken?

8. Vad tycker pojken som överlevde attacken om odjuret?

9. Vad händer när pojken som överlevde attacken går tillbaka in i skogen?

10. Varför skonar odjuret pojken?

Stone henge

The sun was setting on a cool **autumn** evening, and the last light of day shone upon the ancient stones of Stonehenge. For centuries, people have gazed upon this **mysterious** structure, wondering about its purpose and how it came to be. Some say that it is a temple built by Druids; others believe that it is a burial ground for fallen warriors. No one knows for sure. But on this night, as the shadows **lengthened** and the stars began to appear in the sky, something strange happened at Stonehenge. A soft glow appeared around the base of one of the largest stones, and then spread outward until the entire structure was illuminated with a gentle light. A sound like music began to fill the air, although there were no **instruments** to be seen anywhere near Stonehenge. The music seemed to come from within the stone itself, as if it were somehow alive. As those **gathered** around watched in wonderment, they saw figures emerging from within some of the stones—men and women dressed in long robes with hoods pulled up over their heads so that their faces could not be seen clearly.

Slowly, they made their way towards an altarstone, in front of which stood a man wearing a crown adorned with symbols that glittered in the moonlight. He raised

Stenhänget

Solen gick ner en sval höstkväll och det sista ljuset på dagen sken på Stonehenges gamla stenar. I århundraden har människor stirrat på denna **mystiska** struktur och undrat över dess syfte och hur den kom till. Vissa säger att det är ett tempel som byggdes av druider, andra tror att det är en begravningsplats för fallna krigare. Ingen vet säkert. Men den här natten, när skuggorna **förlängdes** och stjärnorna började synas på himlen, hände något märkligt vid Stonehenge. Ett mjukt sken dök upp runt basen av en av de största stenarna och spred sig sedan utåt tills hela konstruktionen lystes upp av ett mjukt ljus. Ett ljud som liknade musik började fylla luften, trots att det inte fanns några **instrument** att se någonstans i närheten av Stonehenge. Musiken tycktes komma inifrån själva stenen, som om den på något sätt var levande. Medan de som **samlats** runtomkring tittade förundrat på, såg de gestalter komma fram ur några av stenarna - män och kvinnor klädda i långa kläder med huvor som dragits upp över huvudet så att deras ansikten inte kunde ses tydligt.

Långsamt tog de sig fram till en altarsten, framför vilken stod en man som bar en krona prydd med symboler som glittrade i månskenet. Han höjde armarna mot himlen och talade ord som ingen kunde

his arms towards heaven and spoke words that no one could understand. Then he knelt down before the altarstone and bowed his head. More figures emerged from other stones as he did so, including deer, badgers, foxes, hares, and other creatures **large** and small. They too went to kneel before the altar stone. For several minutes, nothing happened. Then suddenly, flames appeared atop the **stone**, leaping into the air and casting an eerie light over everything. In front of these flickering flames stood a woman clad in white robes trimmed with gold. She held a lantern in her hand from which poured forth a golden light that filled all of Stronghenge with **warmth** and radiance. After awhile, she's polite: "Welcome my children, both human and animal alike."

This sacred place has been chosen as our meeting point because it stands at the midpoint between **earth** and sky. It is here that we can commune with each other regardless of distance or time. As the woman spoke, those gathered around her began to feel a sense of peace and calm settle over them. It was as if they were being enveloped in a warm **embrace**. The animals seemed to understand her words as well, and they all sat down quietly, listening intently.

förstå. Sedan knäböjde han ner framför altarstenen och böjde huvudet. När han gjorde det dök fler figurer upp från andra stenar, bland annat hjortar, grävlingar, rävar, harar och andra **stora** och små varelser. Även de gick ner på knä framför altarstenen. Under flera minuter hände ingenting. Plötsligt dök plötsligt lågor upp på toppen av **stenen, som** hoppade upp i luften och kastade ett kusligt ljus över allting. Framför dessa flimrande lågor stod en kvinna klädd i vita kläder trimmade med guld. Hon höll en lykta i sin hand från vilken det strömmade ut ett gyllene ljus som fyllde hela Stronghenge med **värme** och utstrålning. Efter ett tag är hon artig: "Välkomna mina barn, både människor och djur".

Denna heliga plats har valts som vår mötesplats eftersom den ligger mitt emellan himmel och **jord.** Det är här som vi kan kommunicera med varandra oberoende av avstånd och tid. Medan kvinnan talade började de som samlats runt henne känna en känsla av fred och lugn över sig. Det var som om de var omslutna av en varm **omfamning**. Djuren verkade också förstå hennes ord, och de satte sig alla lugnt ner och lyssnade uppmärksamt.

Comprehension Questions

1. What is the purpose of Stonehenge?

2. Who built Stonehenge?

3. What do people believe Stonehenge is?

4. What happened at Stonehenge on the night described in the text?

5. What did the figures that emerged from the stones do?

6. Who was the woman in white robes?

7. What did the woman in white robes say?

8. How did the people present feel after the woman spoke?

9. What did the animals do during the woman's speech?

10. Why was Stonehenge chosen as the meeting point?

Frågor om förståelse

1. Vad är syftet med Stonehenge?

2. Vem byggde Stonehenge?

3. Vad tror folk att Stonehenge är?

4. Vad hände vid Stonehenge den natt som beskrivs i texten?

5. Vad gjorde figurerna som kom fram ur stenarna?

6. Vem var kvinnan i vita kläder?

7. Vad sa kvinnan i vita kläder?

8. Hur kände sig de närvarande efter att kvinnan hade talat?

9. Vad gjorde djuren under kvinnans tal?

10. Varför valdes Stonehenge som mötesplats?

The Old Inn

The old inn was a popular stop for **weary** travelers. It was said that the food was delicious and the beds were comfortable. The innkeeper, Mrs. Saunders, was a kind woman who always had a smile for her guests. One cold winter night, a group of travelers arrived at the old inn seeking shelter from the **storm**. They were welcomed by Mrs. Saunders and given warm blankets and hot soup to chase away the chill. As they sat around the **fire**, sharing stories and laughter, they felt right at home. It wasn't long before they all retired to their rooms for the night. But as one traveler tried to open his door, he found it wouldn't budge. He called out to Mrs. Saunders, but there was no answer; she must have already gone to bed herself. He shook the door **handle** again, but still it wouldn't move.

Just then, he heard footsteps in the hallway and someone fumbling with **keys**. Mrs. Saunders came hurrying over, apologizing profusely. She explained that she had accidentally locked him in! After assuring him that it happened more often than she cared to admit, she finally got the door open. The traveler went into his room with a feeling of relief; he would definitely be getting a good night's **sleep** tonight! The next morning,

Det gamla värdshuset

Det gamla värdshuset var ett populärt stopp för **trötta** resenärer. Det sägs att maten var utsökt och sängarna bekväma. Värdinnan, Mrs Saunders, var en vänlig kvinna som alltid hade ett leende för sina gäster. En kall vinternatt anlände en grupp resenärer till det gamla värdshuset för att söka skydd från **stormen**. De välkomnades av fru Saunders och fick varma filtar och varm soppa för att jaga bort kylan. När de satt runt **elden** och utbytte historier och skratt kände de sig som hemma. Det dröjde inte länge innan de alla drog sig tillbaka till sina rum för natten. Men när en resenär försökte öppna sin dörr upptäckte han att den inte ville röra sig. Han ropade på mrs Saunders, men hon svarade inte; hon måste redan ha gått till sängs själv. Han skakade på **dörrhandtaget** igen, men det rörde sig fortfarande inte.

Just då hörde han fotsteg i korridoren och någon som höll på med **nycklar**. Mrs Saunders skyndade sig över och bad om ursäkt. Hon förklarade att hon av misstag hade låst in honom! Efter att ha försäkrat honom om att det hände oftare än hon ville erkänna fick hon till slut upp dörren. Resenären gick in i sitt rum med en känsla av lättnad; han skulle definitivt få en god natts

the travelers woke to the smell of breakfast cooking. They went downstairs to find Mrs. Saunders busy in the kitchen. She apologized for not being able to join them for breakfast but said she would be **happy** to serve them. The table was piled high with pancakes, bacon, eggs, and toast. Everyone dug in with gusto, enjoying the delicious food. As they were finishing up their meal, there was a knock at the door. Mrs. Saunders went to **answer** it and came back into the dining room, followed by a handsome young man. She introduced him as her son, Luke. He had come to help her with some chores around the inn. After Luke had gone out back to start **chopping** wood, Mrs. Saunders confided in her guests that she was getting too old to run the inn by herself and was glad her son had agreed to help her out.

Later that day, as they were preparing to leave, the travelers thanked Mrs. Saunders for her **hospitality**. They promised to spread word of the old inn far and wide so that others could enjoy its comfort and warmth. As the years went by, Mrs. Saunders continued to run the old inn with the help of her son, Luke. It remained a popular stop for **travelers** from all over. Many people came and went, but there was always one group of guests who stayed in the same room each time they visited. One day, Mrs. Saunders was cleaning that room when she found an old key hidden under the **mattress**.

sömn i natt! Nästa morgon vaknade resenärerna till doften av frukost. De gick ner för trappan och fann fru Saunders upptagen i köket. Hon bad om ursäkt för att hon inte kunde delta i frukosten men sa att hon **gärna** skulle servera dem. Bordet var fullt av pannkakor, bacon, ägg och rostat bröd. Alla åt med hull och hår och njöt av den utsökta maten. När de höll på att avsluta maten knackade det på dörren. Mrs Saunders gick för att **öppna** och kom tillbaka in i matsalen, följd av en stilig ung man. Hon presenterade honom som sin son Luke. Han hade kommit för att hjälpa henne med några sysslor runt värdshuset. Efter att Luke hade gått ut på baksidan för att börja **hugga** ved berättade fru Saunders för sina gäster att hon började bli för gammal för att driva värdshuset själv och att hon var glad att hennes son hade gått med på att hjälpa henne.

Senare samma dag, när de förberedde sig för avresa, tackade resenärerna fru Saunders för hennes **gästfrihet**. De lovade att sprida ryktet om det gamla värdshuset vitt och brett så att andra kunde njuta av dess komfort och värme. Med åren fortsatte fru Saunders att driva det gamla värdshuset med hjälp av sin son Luke. Det förblev ett populärt stopp för **resenärer** från hela världen. Många människor kom och gick, men det fanns alltid en grupp gäster som stannade i samma rum varje gång de besökte. En dag städade fru Saunders det rummet när hon hittade en gammal nyckel gömd under **madrassen**.

Comprehension Questions

1. What did the old inn provide for weary travelers?

2. Who was the innkeeper of the old inn?

3. What did the group of travelers do when they arrived at the old inn on the cold winter night?

4. What did the traveler find when he tried to open his door to go to bed?

5. Who came to the old inn the next morning?

6. What did Mrs. Saunders confide in her guests?

7. What did the group of travelers do before they left the old inn?

8. How did Mrs. Saunders feel when she found the old key hidden under the mattress in the room?

9. What did Luke tell Mrs. Saunders the key was for?

10. Why was Mrs. Saunders content at the end of the story?

Frågor om förståelse

1. Vad erbjöd det gamla värdshuset för trötta resenärer?

2. Vem var värdshusvärden på det gamla värdshuset?

3. Vad gjorde resenärerna när de kom till det gamla värdshuset den kalla vinternatten?

4. Vad hittade resenären när han försökte öppna sin dörr för att gå till sängs?

5. Vem kom till det gamla värdshuset nästa morgon?

6. Vad anförtrodde fru Saunders sina gäster?

7. Vad gjorde resenärerna innan de lämnade det gamla värdshuset?

8. Hur kände sig fru Saunders när hon hittade den gamla nyckeln gömd under madrassen i rummet?

9. Vad sa Lukas till fru Saunders att nyckeln var till för?

10. Varför var mrs Saunders nöjd i slutet av berättelsen?

The Witch's Cottage

The cottage was small and unassuming, tucked away in the woods at the edge of town. It was said that a witch lived there, and children were warned to stay away. But one day, a curious little girl named Sarah decided to **venture** into the woods to see the witch's cottage for herself. Sarah knocked on the door, and an old woman answered. She had a kind face, but her eyes were piercing. "Can I help you?" she asked Sarah. "I just wanted to see your **cottage**," replied Sarah shyly. "They say you're a witch." The woman chuckled softly. "That's what they say about me, yes." She stepped aside and gestured for Sarah to come inside. The cottage was dark and musty, but not at all what Sarah had expected. There were no bubbling cauldrons or magical creatures lurking in the **shadows**. Instead, it just looked like a **normal** house. The witch offered Sarah a seat by the fire and began to tell her stories of her life. She told of growing up in the woods, learning **magic** from her mother, and eventually becoming a witch herself. Sarah listened eagerly to the witch's stories, entranced by her words.

She didn't want to leave when it started to get late, but she knew she had to go home before her parents started worrying about her. "Thank you for letting me

Häxans stuga

Stugan var liten och anspråkslös, gömd i skogen i utkanten av staden. Det sades att en häxa bodde där och barn varnades för att hålla sig borta. Men en dag bestämde sig en nyfiken liten flicka vid namn Sarah för att **bege sig ut** i skogen för att se häxans stuga med egna ögon. Sarah knackade på dörren och en gammal kvinna svarade. Hon hade ett vänligt ansikte, men hennes ögon var genomträngande. "Kan jag hjälpa dig?" frågade hon Sarah. "Jag ville bara se din **stuga",** svarade Sarah blygt. "De säger att du är en häxa." Kvinnan skrattade mjukt. "Det är vad de säger om mig, ja." Hon klev åt sidan och gestikulerade för Sarah att komma in. Stugan var mörk och mossig, men inte alls vad Sarah hade förväntat sig. Det fanns inga bubblande kittel eller magiska varelser som lurade i **skuggorna**. Istället såg det bara ut som ett **vanligt** hus. Häxan erbjöd Sarah en plats vid elden och började berätta historier om sitt liv. Hon berättade om sin uppväxt i skogen, om hur hon lärde sig **magi** av sin mor och så småningom blev hon själv en häxa. Sarah lyssnade ivrigt på häxans berättelser, hänförd av hennes ord.

Hon ville inte åka när det började bli sent, men hon visste att hon var tvungen att åka hem innan hennes föräldrar började oroa sig för henne. "Tack för att jag

visit your cottage," she said as she stood up to leave."It was very kind of you." As Sarah walked back through the woods towards **town**, she couldn't help but feel excited about what she had just experienced. She knew that she would never forget the time spent with the kindly old witch in her cottage **deep** in the woods. Sarah continued to visit the witch regularly, and she soon became like a grandmother to her. She would sit by the fire and listen to stories of magic and adventure, feeling happy and safe in the warmth of the cottage. As Sarah grew older, she started to help the witch with her work. She would gather **herbs** from the woods and help brew potions. It was always fun for her, even though she knew it wasn't really "real" magic. One day, when Sarah was helping the witch prepare for a **festival** in town, she asked if she could go along.

The witch hesitated at first, but then agreed. The festival was lively and colorful, with people milling about in costumes and masks. Sarah felt a little out of place in her plain clothes, but no one seemed to mind. As they walked through the crowd, the witch suddenly stopped and **grabbed** Sarah's arm. "What is it?" Sarah asked, following her gaze. She saw a man in a black cloak walking towards them, his face hidden by a hood. The witch tightened her grip on Sarah's **arm** and pulled her away quickly.

fick besöka er stuga", sa hon när hon reste sig för att gå, "det var väldigt snällt av er." När Sarah gick tillbaka genom skogen mot **staden** kunde hon inte låta bli att känna sig upprymd över vad hon just hade upplevt. Hon visste att hon aldrig skulle glömma den tid hon tillbringat med den vänliga gamla häxan i hennes stuga **djupt** inne i skogen. Sarah fortsatte att besöka häxan regelbundet och hon blev snart som en mormor för henne. Hon satt vid elden och lyssnade på historier om magi och äventyr och kände sig lycklig och trygg i stugans värme. När Sarah blev äldre började hon hjälpa häxan med hennes arbete. Hon samlade **örter** från skogen och hjälpte till att brygga drycker. Det var alltid roligt för henne, även om hon visste att det inte riktigt var "riktig" magi. En dag när Sarah hjälpte häxan att förbereda en **festival** i staden frågade hon om hon fick följa med.

Häxan tvekade först, men gick sedan med på det. Festivalen var livlig och färgglad, med människor som strömmade omkring i kostymer och masker. Sarah kände sig lite malplacerad i sina vanliga kläder, men ingen verkade bry sig. När de gick genom folkmassan stannade häxan plötsligt och **tog tag i** Sarahs arm. "Vad är det?" Sarah frågade och följde hennes blick. Hon såg en man i en svart kappa gå mot dem, hans ansikte var dolt av en huva. Häxan skärpte sitt grepp om Sarahs **arm** och drog snabbt bort henne.

Comprehension Questions

1. What does Sarah do when she first hears about the witch?

2. What does the witch's cottage look like on the inside?

3. What does Sarah do as she gets older?

4. What happens at the festival?

5. Who is the man in the black cloak?

6. What does the witch say about him?

7. Where does Sarah live?

8. How does Sarah feel about the witch?

9. How does the witch feel about Sarah?

10. What does Sarah do when she first hears about the witch?

Frågor om förståelse

1. Vad gör Sara när hon först hör talas om häxan?

2. Hur ser häxans stuga ut på insidan?

3. Vad gör Sarah när hon blir äldre?

4. Vad händer på festivalen?

5. Vem är mannen i den svarta kappan?

6. Vad säger häxan om honom?

7. Var bor Sarah?

8. Hur känner Sarah för häxan?

9. Vad känner häxan för Sarah?

10. Vad gör Sara när hon först hör talas om häxan?

The hidden village

The hidden **village** was a secret place, known only to a few. It was a place of magic and mystery, where the impossible seemed possible. No one knew how the **village** had come to be, but it was said that it had been created by a powerful wizard. The wizard had used his magic to create an invisible barrier around the village, making it impossible for anyone to find them unless they were invited. The villagers were a **friendly** bunch, always willing to help those in need. They were also very protective of their home and would do anything to keep outsiders from discovering their **secret**. One day, a young woman named Sarah stumbled upon the hidden village by accident. She had been out for a walk in the woods when she suddenly found herself in front of an invisible barrier.

She was about to turn back when she heard someone calling her name. It was a voice she recognized instantly as belonging to her childhood friend, John. He had disappeared years ago and was presumed dead. But there he was, alive and well and living in the hidden village! Sarah quickly learned that the villagers were very welcoming and soon made many friends among them. She also discovered that they **possessed** magical powers, which they used to help those in

Den gömda byn

Den dolda **byn var en** hemlig plats som bara några få kände till. Det var en plats med magi och mystik, där det omöjliga verkade möjligt. Ingen visste hur **byn** hade kommit till, men det sades att den hade skapats av en mäktig trollkarl. Trollkarlen hade använt sin magi för att skapa en osynlig barriär runt byn, vilket gjorde det omöjligt för någon att hitta dit om de inte var inbjudna. Byborna var ett **vänligt** gäng som alltid var villiga att hjälpa dem som behövde hjälp. De var också mycket beskyddande för sitt hem och skulle göra vad som helst för att hindra utomstående från att upptäcka deras **hemlighet**. En dag råkade en ung kvinna vid namn Sarah snubbla över den gömda byn av en slump. Hon hade varit ute på en promenad i skogen när hon plötsligt befann sig framför en osynlig barriär.

Hon var på väg att vända om när hon hörde någon ropa hennes namn. Det var en röst som hon genast kände igen som tillhörde hennes barndomsvän John. Han hade försvunnit för flera år sedan och antogs vara död. Men där var han, vid liv och välmående och bodde i den gömda byn! Sarah lärde sig snabbt att byborna var mycket välkomnande och fick snart många vänner bland dem. Hon upptäckte också att de **hade** magiska krafter som de använde för att hjälpa dem som

need. The more time she spent in the village, the more convinced she became that this was where she belonged. And so, with John's help, Sarah decided to stay permanently in the **hidden** village and become one of its protectors. As the years passed, Sarah became a powerful witch herself. She used her magic to help the villagers and keep outsiders from discovering their secret. She also took John on as her apprentice, teaching him everything she knew about magic.

Together, they kept the hidden village safe and **protected** from harm. And they lived happily ever after! One day, Sarah was out walking in the woods near the hidden village when she heard a strange noise. It sounded like someone was crying. She followed the sound until she came to a clearing and saw a young girl sitting on the ground, sobbing her heart out. Sarah approached her cautiously and asked what was wrong. The girl, who introduced herself as Lily, explained that she had been playing with her friends in the forest when they suddenly **disappeared**. She didn't know how to find them and was scared that something bad had happened to them. Sarah assured Lily that she would help her find her friends. Together, they walked back to the hidden village, where Sarah used her magic to locate Lily's friends. It turned out they were all safe and sound and just needed some **help** getting back home! After reuniting Lily with her friends, Sarah decided it was time for another adventure.

behövde hjälp. Ju mer tid hon tillbringade i byn, desto mer övertygad blev hon om att det var här hon hörde hemma. Så med Johns hjälp bestämde sig Sarah för att stanna permanent i den **gömda** byn och bli en av dess beskyddare. Med åren blev Sarah själv en mäktig häxa. Hon använde sin magi för att hjälpa byborna och hindra utomstående från att upptäcka deras hemlighet. Hon tog också John som sin lärling och lärde honom allt hon visste om magi.

Tillsammans höll de den gömda byn säker och **skyddad** från skada. Och de levde lyckliga i alla sina dagar! En dag var Sarah ute och gick i skogen nära den gömda byn när hon hörde ett konstigt ljud. Det lät som om någon grät. Hon följde ljudet tills hon kom till en glänta och såg en ung flicka som satt på marken och grät av hela sitt hjärta. Sarah närmade sig henne försiktigt och frågade vad som var fel. Flickan, som presenterade sig som Lily, förklarade att hon hade lekt med sina vänner i skogen när de plötsligt **försvann**. Hon visste inte hur hon skulle hitta dem och var rädd att något hemskt hade hänt dem. Sarah försäkrade Lily att hon skulle hjälpa henne att hitta sina vänner. Tillsammans gick de tillbaka till den gömda byn, där Sarah använde sin magi för att hitta Lilys vänner. Det visade sig att alla var välbehållna och friska och att de bara behövde lite **hjälp för att** komma hem! Efter att ha återförenat Lily med sina vänner bestämde Sarah att det var dags för ett nytt äventyr.

Comprehension Questions

1. What was the hidden village?

2. How did Sarah find the hidden village?

3. What did Sarah do when she found Lily in the woods?

4. What was the problem Lily was having?

5. How did Sarah help Lily?

6. What did Sarah do after she helped Lily?

7. What was the village said to be created by?

8. How did the wizard make the village hidden?

9. What did Sarah become to the village?

10. Who did Sarah teach magic to?

Frågor om förståelse

1. Vad var den gömda byn?

2. Hur hittade Sara den gömda byn?

3. Vad gjorde Sarah när hon hittade Lily i skogen?

4. Vad var problemet som Lily hade?

5. Hur hjälpte Sarah Lily?

6. Vad gjorde Sarah efter att hon hade hjälpt Lily?

7. Vad sägs ha skapat byn?

8. Hur fick trollkarlen byn att gömma sig?

9. Vad blev Sara för byn?

10. Vem lärde Sarah ut magi till?

The lonely lighthouse

The lonely lighthouse stood on the edge of the **cliff**, overlooking the sea. It had been there for many years, and it was said that it was haunted by the ghost of a sailor who had died in a shipwreck. Some people said that they had seen his ghost walking around inside the lighthouse, and others said that they had heard strange noises coming from inside it. But no one knew for sure if there really was a **ghost** or not. One night, a storm blew up and waves crashed against the rocks below the lighthouse. The wind howled through its **windows** and doors, and everyone who lived nearby thought that surely this would be the night when the old lighthouse would finally collapse into pieces and be swept away by the sea. But somehow, miraculously, the lighthouse survived intact. And when **morning** came, those who looked out to see it standing tall and proud as ever could have sworn that they saw a figure in nautical clothing waving to them from one of its windows.

The lonely lighthouse had been standing on the edge of the cliff for many years, and it was said to be haunted by the ghost of a sailor who had died in a shipwreck. Some people claimed to have seen his ghost walking

Den ensamma fyren

Den ensamma fyren stod på kanten av **klippan med** utsikt över havet. Den hade stått där i många år, och det sades att den hemsöktes av spöket från en sjöman som hade dött i ett skeppsbrott. Vissa människor sa att de hade sett hans spöke gå omkring i fyren, och andra sa att de hade hört konstiga ljud från fyren. Men ingen visste säkert om det verkligen fanns ett **spöke** eller inte. En natt blåste en storm upp och vågorna slog mot klipporna nedanför fyren. Vinden tjöt genom dess **fönster** och dörrar, och alla som bodde i närheten tänkte att detta säkert skulle vara natten då den gamla fyren slutligen skulle falla i bitar och svepas bort av havet. Men på något mirakulöst sätt överlevde fyren intakt. Och när **morgonen** kom kunde de som tittade ut för att se den stå rak och stolt som alltid svära på att de såg en figur i sjömanskläder som vinkade till dem från ett av fönstren.

Den ensamma fyren hade stått på kanten av klippan i många år, och det sades att den hemsöktes av spöket från en sjöman som hade dött i ett skeppsbrott. Vissa människor hävdade att de hade sett hans spöke gå omkring i fyren, medan andra sa att de hade hört

around inside the lighthouse, while others said they had heard strange noises coming from within its walls. But no one knew for sure if there really was a ghost or not. One night, during a **fierce** storm, waves crashed against the rocks below the lighthouse, and **wind** howled through its windows and doors. Everyone who lived nearby thought that surely this would be the night when the old lighthouse would finally collapse into pieces and be swept away by the sea. But miraculously, the lighthouse survived intact. And when morning came, those who looked out to see it standing tall and proud as ever could have sworn they saw a figure in nautical **clothing** waving to them from one window. The lonely lighthouse had been standing on the edge of the cliff for many years, and it was said to be haunted by the ghost of a sailor who had died in a shipwreck. Some people claimed to have seen his ghost walking around **inside** the lighthouse, while others said they had heard strange noises coming from within its walls. But no one knew for sure if there really was a ghost or not.

konstiga ljud från dess väggar. Men ingen visste säkert om det verkligen fanns ett spöke eller inte. En natt, under en **våldsam** storm, slog vågorna mot klipporna nedanför fyren och **vinden** tjöt genom dess fönster och dörrar. Alla som bodde i närheten tänkte att detta säkert skulle vara natten då den gamla fyren slutligen skulle falla i bitar och svepas bort av havet. Men mirakulöst nog överlevde fyren intakt. Och när morgonen kom kunde de som tittade ut och såg den stå rak och stolt som alltid svära på att de såg en figur i **sjömanskläder som** vinkade till dem från ett av fönstren. Den ensamma fyren hade stått på kanten av klippan i många år, och det sades att den hemsöktes av spöket från en sjöman som hade dött i ett skeppsbrott. Vissa människor hävdade att de hade sett hans spöke gå omkring **inne i** fyren, medan andra sa att de hade hört konstiga ljud från dess väggar. Men ingen visste säkert om det verkligen fanns ett spöke eller inte.

Comprehension Questions

1. What was the lighthouse said to be haunted by?

2. How long had the lighthouse been standing on the edge of the cliff?

3. What did people say they had seen and heard coming from the lighthouse?

4. One night during a storm, what did everyone who lived nearby think would happen to the lighthouse?

5. Why were they surprised to see the lighthouse standing tall and proud the next morning?

6. What do you think the figure in nautical clothing was doing in the window of the lighthouse?

7. Do you think the lighthouse is really haunted? Why or why not?

8. What do you think the figure in the window was trying to tell the people who saw it?

9. What do you think would happen if you spent a night in the lighthouse?

10. Do you think the lighthouse has a story to tell? If so, what do you think it is?

Frågor om förståelse

1. Vad sägs fyren vara hemsökt av?

2. Hur länge hade fyren stått på kanten av klippan?

3. Vad sa folk att de hade sett och hört från fyren?

4. Vad trodde alla som bodde i närheten att fyren skulle råka ut för en natt under en storm?

5. Varför blev de förvånade när de såg fyren stå högt och stolt nästa morgon?

6. Vad tror du att figuren i sjöfartskläder gjorde i fyrens fönster?

7. Tror du att fyren verkligen är hemsökt? Varför eller varför inte?

8. Vad tror du att figuren i fönstret försökte säga till dem som såg den?

9. Vad tror du skulle hända om du tillbringade en natt i fyren?

10. Tror du att fyren har en historia att berätta? Om så är fallet, vad tror du att den är?

At the beach

After sunrise, the waves are louder and the sand above the tide is white. I walk down to the beach, **admiring** the sea and the sun. My toes feel the grooves of shells. The sand is cold on my toes. I smile and keep going. The tide is high, so I have to be careful not to get pulled in. I walk along the water's edge, admiring the sea. The sunrise is **beautiful**, and the waves are crashing. I feel so peaceful. I come to a spot where there is a rock outcropping. I sit down and watch the waves. The water is so blue and the sky is so **orange**. I feel like I'm in a dream. I close my eyes and just listen to the waves. I sat there for a long time, until I heard someone calling my name.

I open my eyes and see my mom walking towards me. She has a worried look on her face. I smile and wave, and she **relaxes**. "I was wondering where you went," she says. "I'm glad you're enjoying the beach." I reply, "I am." "It's so beautiful here." "I know," she says. "I used to come here all the time when I was your age." "Really?" I ask. "Yeah," she replies. "It's a special place.""Did you ever meet anyone special here?" I ask. "I did," she replies with a smile. "Your father." "Really?" I say, **surprised**. "Yes," she says. "We used to come here all the time together. It's where we fell in love. "

På stranden

Efter soluppgången är vågorna högre och sanden ovanför tidvattnet är vit. Jag går ner till stranden och **beundrar** havet och solen. Mina tår känner skalens rännor. Sanden är kall på mina tår. Jag ler och fortsätter att gå. Tidvattnet är högt, så jag måste vara försiktig så att jag inte dras in. Jag går längs vattenkanten och beundrar havet. Soluppgången är **vacker och** vågorna slår mot varandra. Jag känner mig så fridfull. Jag kommer till en plats där det finns en klippavsats. Jag sätter mig ner och tittar på vågorna. Vattnet är så blått och himlen är så **orange**. Det känns som om jag befinner mig i en dröm. Jag blundar och lyssnar bara på vågorna. Jag satt där länge tills jag hörde någon ropa mitt namn.

Jag öppnar ögonen och ser min mamma gå mot mig. Hon har en orolig blick i ansiktet. Jag ler och vinkar och hon **slappnar av**. "Jag undrade vart du tog vägen", säger hon. "Jag är glad att du njuter av stranden." Jag svarar: "Det gör jag." "Det är så vackert här." "Jag vet", säger hon. "Jag brukade komma hit hela tiden när jag var i din ålder." "Verkligen?" Jag frågar. "Ja", svarar hon. "Det är ett speciellt ställe." "Träffade du någonsin någon speciell person här?" Jag frågar. "Det har jag gjort", svarar hon med ett leende. "Din far." "Verkligen?"

I smile, **imagining** my parents falling in love on this beautiful beach. "It's a special place," she repeats. "I'm glad you came here today."

We sit there for a while longer, **watching** the waves and the sunset. Then we get up and walk back to our beach towels. I lie down and look at the stars. I feel so happy and content. The waves are louder now, and the sand is cold. The sun is setting and a cool breeze is blowing. The waves are crashing against the shore, and the smell of salt is in the air. It is a perfect evening to be at the beach. I am walking along the shore, **listening** to the sound of the waves and watching the sunset. I see a group of people sitting on the sand, laughing and joking around. They look like they are having a great time. I walk over to them and ask if I can join them. They say yes, and we spend the rest of the evening talking, laughing, and watching the **sunset**. It is a perfect evening. The group and I talk until the sun sets. We share stories and jokes, and we all have a great time. As the night starts to fall, we all start to feel tired. We kiss each other **goodbye** and part ways. I walk back to my hotel, feeling happy and content. I can't believe how lovely it is here. I'm so lucky to have **experienced** it.

Jag säger **förvånad**. “Ja”, säger hon. “Vi brukade komma hit hela tiden tillsammans. Det var här vi blev förälskade. “ Jag ler och **föreställer mig** mina föräldrar som förälskade sig på denna vackra strand. “Det är en speciell plats”, upprepar hon. “Jag är glad att du kom hit i dag.”

Vi sitter där ett tag till och **tittar på** vågorna och solnedgången. Sedan reser vi oss upp och går tillbaka till våra strandhanddukar. Jag lägger mig ner och tittar på stjärnorna. Jag känner mig så lycklig och nöjd. Vågorna är högre nu och sanden är kall. Solen håller på att gå ner och en sval bris blåser. Vågorna slår mot stranden och doften av salt ligger i luften. Det är en perfekt kväll att vara på stranden. Jag går längs stranden, **lyssnar** på vågornas ljud och tittar på solnedgången. Jag ser en grupp människor som sitter i sanden och skrattar och skämtar. De ser ut att ha det jättebra. Jag går fram till dem och frågar om jag får göra dem sällskap. De säger ja och vi tillbringar resten av kvällen med att prata, skratta och titta på **solnedgången**. Det är en perfekt kväll. Gruppen och jag pratar tills solen går ner. Vi delar med oss av historier och skämt och vi har alla väldigt roligt. När kvällen börjar falla börjar vi alla känna oss trötta. Vi kysser varandra **adjö** och går skilda vägar. Jag går tillbaka till mitt hotell och känner mig lycklig och nöjd. Jag kan inte fatta hur härligt det är här. Jag är så lyckligt lottad som har fått **uppleva** det.

Comprehension Questions

1. Where does the narrator go after she wakes up?

2. What is the narrator admiring as she walks along the beach?

3. What does the narrator have to watch out for as she walks along the beach?

4. Where does the narrator sit down to enjoy the view?

5. How long does the narrator sit there?

6. Whom does the narrator see when she opens her eyes again?

7. What does the narrator's mother say?

8. What do the narrator and the people she meets talk about?

Frågor om förståelse

1. Vart går berättaren efter att hon vaknat?

2. Vad beundrar berättaren när hon går längs stranden?

3. Vad måste berättaren se upp för när hon går längs stranden?

4. Var sätter sig berättaren för att njuta av utsikten?

5. Hur länge sitter berättaren där?

6. Vem ser berättaren när hon öppnar ögonen igen?

7. Vad säger berättarens mamma?

8. Vad pratar berättaren och de människor hon träffar om?

Camping at the Lake

I walk towards the lake, **admiring** the peacefulness of the scene. The sun is beating down on the small lake, making the water look like a sheet of glass. The only movement is the occasional ripple from a fish **breaking** the surface. Even the birds seem to be taking a break from the heat, with only the sound of cicadas filling the air. **Suddenly**, the peace is broken by a loud splash. A large **fish** has jumped out of the water, trying to catch a dragonfly. The fish misses its target and falls back into the water with a splash. “Wow,” I think to myself, “that was a big fish!.” I looked around to see if anyone else saw it, but there was no one around. I guess I’ll have to tell them when I get back to camp.

The heat is **oppressive**, making it hard to breathe. The air is thick and heavy, like a blanket wrapped around you. The only relief is in the water. It is cool and refreshing, like a cold drink on a hot day. I take a deep breath and dive into the water. The relief is immediate as the cool water surrounds me. I swim down to the bottom and then back up to the surface, feeling the water cool my body. I continue **swimming** laps, enjoying the respite from the heat. After a while, I get out of the water and lie down on the grass, letting the sun dry my body. I close my eyes and drift off to

Camping vid sjön

Jag går mot sjön och **beundrar den** fridfulla scenen. Solen slår ner på den lilla sjön och får vattnet att se ut som en glasskiva. Den enda rörelsen är enstaka krusningar från en fisk som **bryter** ytan. Till och med fåglarna verkar ta en paus från värmen, endast ljudet av cikador fyller luften. **Plötsligt** bryts lugnet av ett högt plask. En stor **fisk** har hoppat upp ur vattnet och försöker fånga en trollslända. Fisken missar sitt mål och faller tillbaka i vattnet med ett plask. "Wow", tänker jag för mig själv, "det var en stor fisk!". Jag tittade mig omkring för att se om någon annan hade sett den, men det fanns ingen i närheten. Jag antar att jag får berätta för dem när jag kommer tillbaka till lägret.

Värmen är **tryckande och det är** svårt att andas. Luften är tjock och tung, som en filt som sveps runt dig. Den enda lättnaden finns i vattnet. Det är svalt och uppfriskande, som en kall dryck en varm dag. Jag tar ett djupt andetag och dyker ner i vattnet. Lättnaden är omedelbar när det svala vattnet omger mig. Jag simmar ner till botten och sedan tillbaka upp till ytan och känner hur vattnet kyler min kropp. Jag fortsätter att **simma** varv, och njuter av andningen från värmen. Efter ett tag stiger jag upp ur vattnet och lägger mig på gräset för att låta solen torka min kropp. Jag sluter ögonen och

sleep, the sound of the **cicadas** lulling me into a deep slumber. I let the sun bake the water out of my skin. I can feel my skin getting red, but I don't care. I am too hot to care.The next thing I know, the sun is setting. The sky is a beautiful orange, with streaks of pink and purple. The heat is gone, replaced by a cool **breeze**.

I get up and put my clothes back on, feeling refreshed and rejuvenated. I take a deep **breath** of the cool air and smile. It feels good to be alive. I walk back to the campsite, admiring the way the colors dance in the sky. I can see the campfire burning in the distance, and I can smell the smoke in the air. I smile and **quicken** my pace. I am ready to relax and enjoy the rest of my evening. I walk into the campsite and see that everyone is gathered around the fire. They are **laughing** and joking, and I can see the fire reflecting in their eyes. I smile and sit down next to my friends. It is good to be back. The next morning, I wake up early and start to pack up my things. I am eager to get back on the trail and continue my journey. I say goodbye to my friends and start to walk away. As I walk, I take one last look at the **campsite**. I can see the fire still burning in the distance, and I can smell the smoke in the air. I smile and quicken my pace. I'm ready to continue my **journey**.

somnar, ljudet av **cikadorna** vaggar mig in i en djup sömn. Jag låter solen bränna vattnet ur min hud. Jag känner hur min hud blir röd, men jag bryr mig inte. Jag är för varm för att bry mig. nästa sak jag vet är att solen går ner. Himlen är vackert orange med strimmor av rosa och lila. Hettan är borta och ersätts av en sval **bris**.

Jag reser mig upp och tar på mig kläderna igen, känner mig fräsch och föryngrad. Jag tar ett djupt **andetag** av den svala luften och ler. Det känns bra att vara vid liv. Jag går tillbaka till lägerplatsen och beundrar hur färgerna dansar på himlen. Jag ser lägerelden brinna i fjärran och känner lukten av rök i luften. Jag ler och **ökar** tempot. Jag är redo att slappna av och njuta av resten av kvällen. Jag går in på lägerplatsen och ser att alla är samlade runt elden. De **skrattar** och skämtar, och jag kan se elden spegla sig i deras ögon. Jag ler och sätter mig bredvid mina vänner. Det är skönt att vara tillbaka. Nästa morgon vaknar jag tidigt och börjar packa mina saker. Jag är ivrig att komma tillbaka på leden och fortsätta min resa. Jag tar farväl av mina vänner och börjar gå iväg. När jag går tar jag en sista titt på **lägerplatsen**. Jag kan se att elden fortfarande brinner i fjärran och jag kan känna lukten av rök i luften. Jag ler och ökar tempot. Jag är redo att fortsätta min **resa**.

Comprehension Questions

1. Where is the walker going?

2. What kind of weather is it?

3. What does the water look like?

4. How does the walker react to the heat?

5. What is the fish doing?

6. Why is the walker alone?

7. How does the water feel?

8. How does the walker feel after swimming?

9. What time of day is it when the walker wakes up?

10. Where does the walker go when he leaves the camp?

Frågor om förståelse

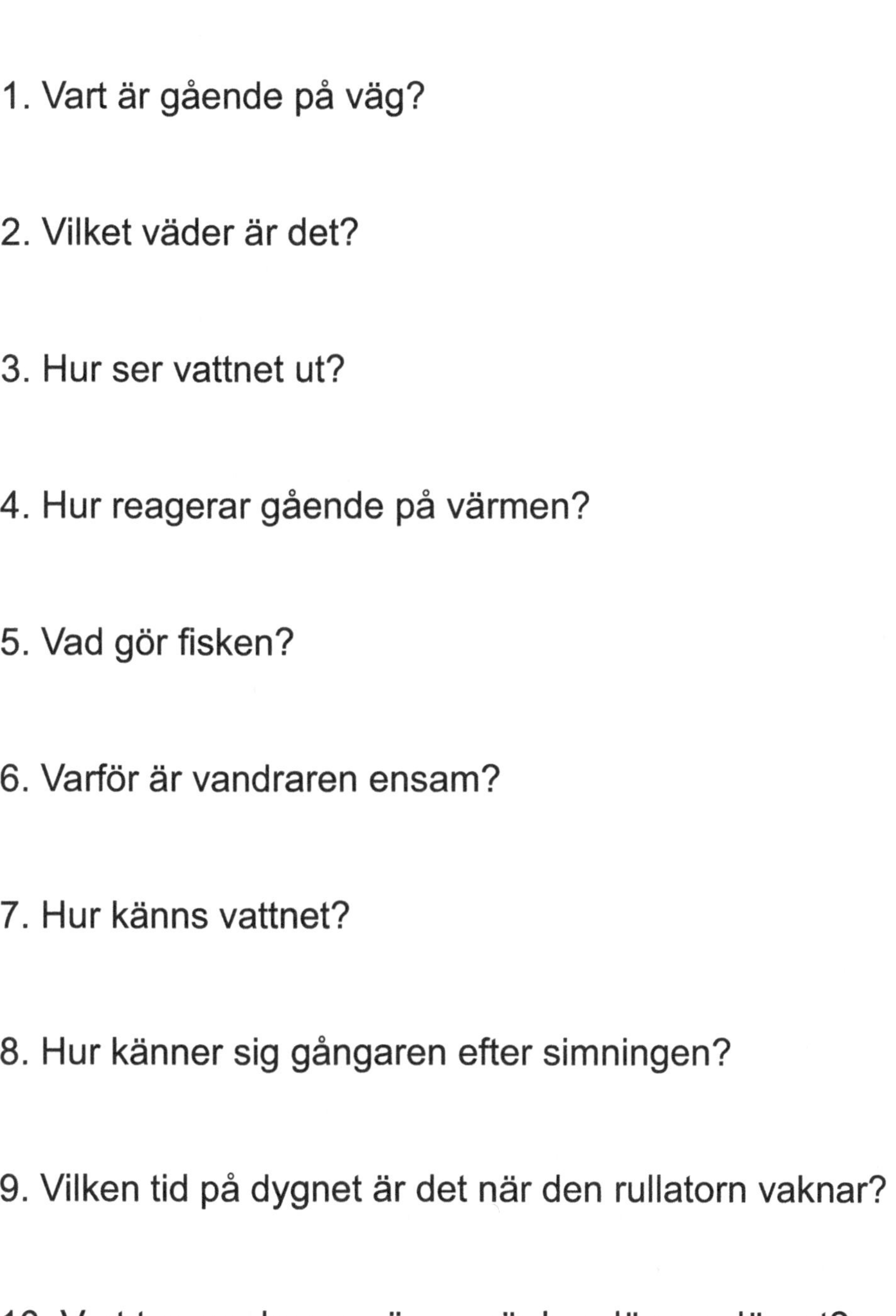

1. Vart är gående på väg?

2. Vilket väder är det?

3. Hur ser vattnet ut?

4. Hur reagerar gående på värmen?

5. Vad gör fisken?

6. Varför är vandraren ensam?

7. Hur känns vattnet?

8. Hur känner sig gångaren efter simningen?

9. Vilken tid på dygnet är det när den rullatorn vaknar?

10. Vart tar vandraren vägen när han lämnar lägret?

The House

I moved into my new house last week, and I am so **excited**! It is so much bigger than my old one, and it has a big backyard. I can't wait to have friends over for BBQs and parties. My **favourite** part is my new bedroom. It is so big and bright, and I have lots of space to put all of my things. I am really happy with my new house and I think I will be very happy here. I decided to explore the house a bit more. I went upstairs to the second floor and started making my way to the kitchen when I saw a big black spider on the wall! I screamed and ran downstairs. I was so **scared**! But after a few minutes, I calmed down and decided to go back upstairs. I slowly made my way to the kitchen and saw that the spider was gone. I was so relieved! I went back downstairs and decided to go outside to explore the **backyard**. It was so big! I couldn't believe it. I saw a swing set in the corner and a slide. I also saw a basketball net and a **trampoline**. I was so excited!

I can't wait to use all of this new stuff. The **neighbours** came over and introduced themselves. They seemed really nice, and we talked for a while. They invited me to their BBQ next weekend, and I said I would love to come. I had a great first week in my new house, and I am excited about all of the new adventures that

Huset

Jag flyttade in i mitt nya hus förra veckan, och jag är så **glad**! Det är så mycket större än mitt gamla och har en stor bakgård. Jag kan inte vänta på att få bjuda in vänner till grillkvällar och fester. Min favoritdel är mitt nya sovrum. Det är så stort och ljust, och jag har massor av utrymme att ställa alla mina saker. Jag är verkligen nöjd med mitt nya hus och jag tror att jag kommer att bli väldigt lycklig här. Jag bestämde mig för att utforska huset lite mer. Jag gick upp till andra våningen och började ta mig till köket när jag såg en stor svart spindel på väggen! Jag skrek och sprang ner för trappan. Jag var så **rädd**! Men efter några minuter lugnade jag mig och bestämde mig för att gå upp igen. Jag tog mig sakta fram till köket och såg att spindeln var borta. Jag var så lättad! Jag gick ner igen och bestämde mig för att gå ut och utforska **bakgården**. Den var så stor! Jag kunde inte tro det. Jag såg en gungställning i hörnet och en rutschkana. Jag såg också ett basketnät och en **studsmatta**. Jag var så uppspelt!

Jag kan inte vänta på att få använda alla dessa nya saker. **Grannarna** kom över och presenterade sig. De verkade riktigt trevliga och vi pratade en stund. De bjöd in mig till deras grillfest nästa helg, och jag sa att jag gärna vill komma. Jag har haft en fantastisk

are ahead. Today, I am going to go exploring in the backyard again and see what else I can find. Who knows, maybe I'll even find some **treasure**. I can't wait to see what the next week brings! The next week, I went exploring in the backyard again, and I found a **secret** garden. It was so beautiful! There were flowers everywhere and a little pond with fish in it. I also saw a swing set that I hadn't seen before. I was so excited to find this secret garden, and I can't wait to explore it more. It was so **beautiful**!

There were flowers everywhere and a little pond with fish in it. I also saw a **swing** set that I hadn't seen before. I was so excited to find this secret garden, and I can't wait to explore it more. I also loved my new room. It was so big and bright, and there were already posters of my favourite bands on the walls. I didn't even have to bring any of my own **furniture** because there was already a bed, dresser, and desk here. This is going to be the best year ever! I was a little nervous about starting at a new **school**, but all of my new neighbours have been so friendly. I even met a girl who lives next door, and she says that she'll walk to school with me on my first day. I love my new house, and I'm so excited to start this new chapter in my life! Tomorrow is going to be great!

första vecka i mitt nya hus, och jag är förväntansfull inför alla nya äventyr som väntar. I dag ska jag gå på upptäcktsfärd i trädgården igen och se vad mer jag kan hitta. Vem vet, kanske hittar jag till och med en **skatt**. Jag kan inte vänta på att se vad nästa vecka kommer att föra med sig! Nästa vecka gick jag på upptäcktsfärd i trädgården igen och hittade en **hemlig** trädgård. Den var så vacker! Det fanns blommor överallt och en liten damm med fiskar i. Jag såg också en gungställning som jag inte hade sett förut. Jag blev så glad över att hitta den här hemliga trädgården och jag kan inte vänta på att utforska den mer. Den var så **vacker**!

Det fanns blommor överallt och en liten damm med fiskar i. Jag såg också en gungställning som jag inte hade sett förut. Jag var så glad över att hitta den här hemliga trädgården och jag kan inte vänta på att utforska den mer. Jag älskade också mitt nya rum. Det var så stort och ljust, och det fanns redan affischer med mina favoritband på väggarna. Jag behövde inte ens ta med mig några egna **möbler** eftersom det redan fanns en säng, en byrå och ett skrivbord här. Det här kommer att bli det bästa året någonsin! Jag var lite nervös över att börja på en ny **skola,** men alla mina nya grannar har varit så vänliga. Jag har till och med träffat en tjej som bor bredvid och hon säger att hon ska gå till skolan med mig på min första dag. Jag älskar mitt nya hus, och jag är så glad över att börja detta nya kapitel i mitt liv! Morgondagen kommer att bli fantastisk!

Comprehension Questions

1. Where does the person live?

2. How does the person like it in the new house?

3. What is the person's favorite part of the new house?

4. What did the person find in the garden?

5. Who are the neighbors?

6. How did the person's first days in the new house feel?

7. What is the person's favorite part of the new room?

8. What is the person planning to do tomorrow?

9. What was the best part of the person's first week in the new house?

10. What is everything in the person's new room?

Frågor om förståelse

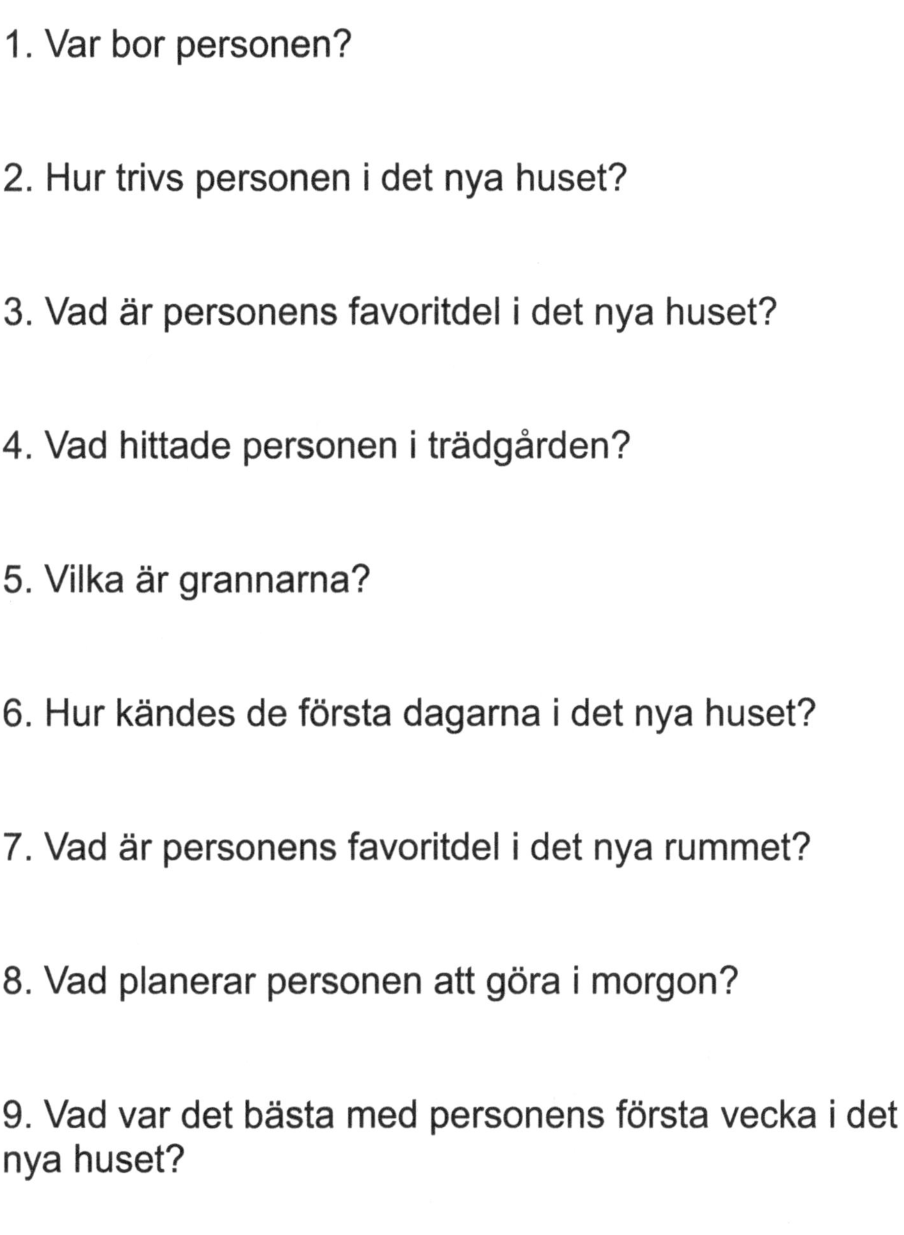

1. Var bor personen?

2. Hur trivs personen i det nya huset?

3. Vad är personens favoritdel i det nya huset?

4. Vad hittade personen i trädgården?

5. Vilka är grannarna?

6. Hur kändes de första dagarna i det nya huset?

7. Vad är personens favoritdel i det nya rummet?

8. Vad planerar personen att göra i morgon?

9. Vad var det bästa med personens första vecka i det nya huset?

10. Vad finns i personens nya rum?

On the train

I ran to the train station, but I was too late. The train had already left without me. I felt so **angry** and **disappointed** with myself. I had been planning to take the train to visit my grandparents who live in the country, but now I would have to wait a whole hour for the next train. I decided to walk around the city for a while instead and tried to forget about my missed opportunity. As I walked, I started **daydreaming** about all of the places that **trains** can take you. Suddenly, I wasn't so upset anymore. I head back into the station and can't help but to notice the large red, white, and blue locomotive chugging its way towards me. It's not until I see the **conductor** waving at me from the window that I realise that this train is for me. I board the train and find my seat, settling in for what promises to be a long journey.

As we pull out of the station, I can't help but wonder where this train will take me. Through **fields** of green and over rivers blue, past mountains and valleys too, there's no telling where this old train will go. As night begins to fall, I drift off into a **peaceful** sleep, lulled by the **rhythmic** movement of the cars on the tracks below. When morning comes again, I open my eyes to find that we've arrived in a small town somewhere

På tåget

Jag sprang till tågstationen, men det var för sent. Tåget hade redan gått utan mig. Jag kände mig så **arg** och **besviken** på mig själv. Jag hade planerat att ta tåget för att besöka mina morföräldrar som bor på landet, men nu skulle jag behöva vänta en hel timme på nästa tåg. Jag bestämde mig för att gå runt i staden en stund i stället och försökte glömma min missade möjlighet. Medan jag gick började jag **dagdrömma** om alla de platser som **tågen** kan ta en till. Plötsligt var jag inte längre så upprörd. Jag går tillbaka in på stationen och kan inte låta bli att lägga märke till det stora röda, vita och blå lokomotivet som tuffar fram mot mig. Det är inte förrän jag ser **konduktören** vinka till mig från fönstret som jag förstår att det här tåget är till mig. Jag går ombord på tåget och hittar min plats och sätter mig ner för vad som lovar att bli en lång resa.

När vi lämnar stationen kan jag inte låta bli att undra vart tåget kommer att ta mig. Genom gröna **fält** och över blå floder, förbi berg och dalar, det går inte att säga vart det här gamla tåget kommer att ta vägen. När mörkret börjar falla glider jag in i en **fridfull** sömn, vaggad av den **rytmiska** rörelsen av vagnarna på spåren nedanför. När morgonen kommer igen öppnar jag ögonen och upptäcker att vi har anlänt till en liten

in the middle of nowhere. The sun is just peeking over the horizon as locals start milling about on Main Street; it looks like any other day here except for one thing-there's a big sign posted near City Hall that reads "Welcome aboard!" It seems this little town has been expecting us, even though we're just an ordinary **passenger** train passing through on our way elsewhere. As we leave town behind us once more, chugging along towards who knows where next, I smile at all the friendly faces waving goodbye from those little houses nestled amongst **farmland**—it really is amazing how something so seemingly ordinary can bring so much joy simply by passing through. And then, of course, there are the **children**.

I lean out the window of my locomotive. They always make me feel so happy with their shining eyes and big grins. I waved back at them energetically before returning to my **cabin** and taking a seat. It's been a long day already, but it's not over yet; there's still another few hours until we reach our final **destination**. I pull out my book and start reading, letting the rhythmic rocking of the train lull me into a peaceful state. Every now and then I glance up at the scenery passing by outside—it never gets old no matter how many times I see it. Eventually, night starts to fall and **twinkling** lights start to appear in the distance; we're getting close now.

stad någonstans mitt ute i ingenstans. Solen tittar precis över horisonten när lokalbefolkningen börjar mingla runt på Main Street; det ser ut som vilken dag som helst här förutom en sak - det finns en stor skylt uppsatt nära stadshuset där det står “Välkommen ombord!”. Det verkar som om den här lilla staden har väntat på oss, trots att vi bara är ett vanligt passagerartåg som passerar på väg någon annanstans. När vi återigen lämnar staden bakom oss och tuffar vidare mot vem vet vart vi ska, ler jag åt alla vänliga ansikten som vinkar adjö från de små husen som ligger inbäddade bland **jordbruksmarken - det** är verkligen fantastiskt hur något så till synes ordinärt kan ge så mycket glädje bara genom att passera. Och sedan finns det naturligtvis **barnen**.

Jag lutar mig ut genom fönstret på mitt lokomotiv. De får mig alltid att känna mig så lycklig med sina lysande ögon och stora leenden. Jag vinkade energiskt tillbaka till dem innan jag återvände till min **hytt** och satte mig ner. Det har redan varit en lång dag, men den är inte över än; det är fortfarande några timmar kvar tills vi når vår **slutdestination**. Jag tar fram min bok och börjar läsa och låter tågets rytmiska gungning vagga mig in i ett lugnt tillstånd. Då och då tittar jag upp på landskapet som passerar förbi utanför - det blir aldrig gammalt hur många gånger jag än ser det. Så småningom börjar det bli mörkt och **blinkande** ljus börjar synas i fjärran; vi börjar närma oss nu.

Comprehension Questions

1. Where is the train going?

2. Who is traveling on the train?

3. When does the train leave?

4. How does the protagonist get on the train?

5. Where does the train come from?

6. Where is the train going next?

7. When did the passengers arrive?

8. How does the protagonist feel when he misses the train?

9. How does the train driver react when he sees the protagonist?

10. Why does the protagonist like trains?

Frågor om förståelse

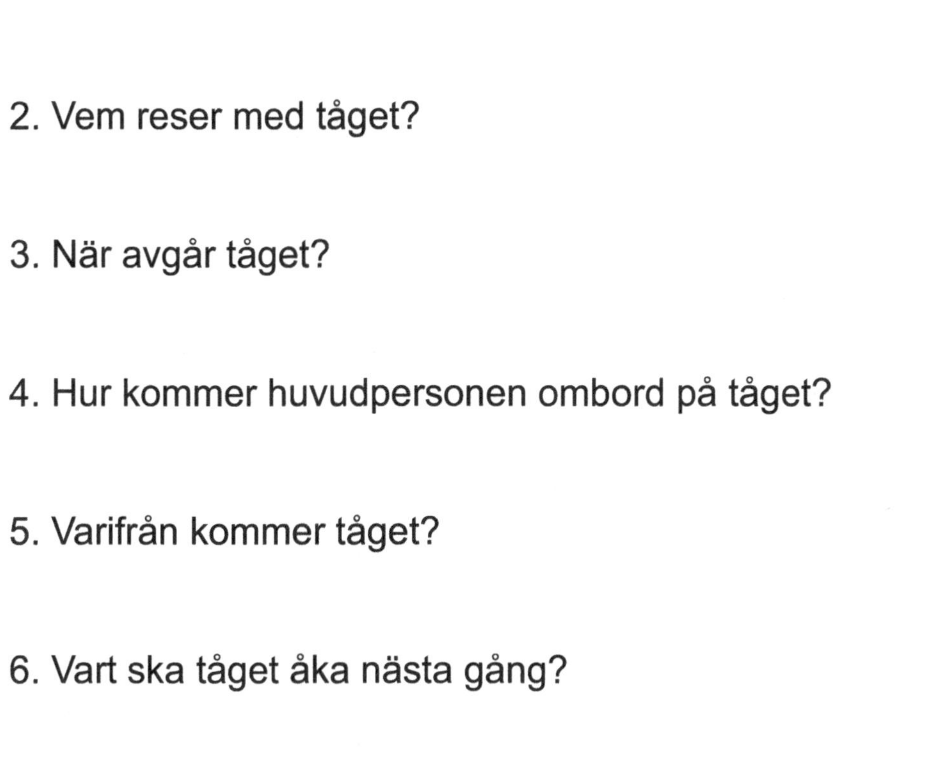

1. Vart är tåget på väg?

2. Vem reser med tåget?

3. När avgår tåget?

4. Hur kommer huvudpersonen ombord på tåget?

5. Varifrån kommer tåget?

6. Vart ska tåget åka nästa gång?

7. När anlände passagerarna?

8. Hur känner sig huvudpersonen när han missar tåget?

9. Hur reagerar lokföraren när han ser huvudpersonen?

10. Varför gillar huvudpersonen tåg?

Cooking Dinner

It's 5 pm now and I am walking home from work. I'm looking **forward** to having a calm evening at home with my partner. We'll cook dinner together and then just relax for the rest of the night. It feels good to know that I don't have any plans or obligations this **evening**. I arrive home and my partner is already in the kitchen, starting to prepare our dinner. It smells **amazing** in here! We chat as we cook, catching up on each other's days and sharing little stories from our work lives. The kitchen is my favourite room in our apartment. I love cooking, and I especially love cooking with my partner. We always have such a good time in here, laughing and joking around while we cook up a storm. Plus, the food is always **incredible** when we work **together**.

Tonight, we're making one of my all-time favourite recipes: **chicken** Parmesan. My partner starts by breading the chicken while I get the sauce simmering on the **stovetop**. We work together like a well-oiled machine, and before long, dinner is ready to serve. We sit down at our little kitchen table with **plates** heaped high with chicken Parmesan, pasta, and salad. We clink glasses and take our first bite—and it's **heavenly**! The chicken is crispy on the outside but juicy on the inside;

Matlagning av middag

Klockan är 17.00 och jag går hem från jobbet. Jag ser **fram emot en** lugn kväll hemma med min partner. Vi ska laga middag tillsammans och sedan bara slappna av resten av kvällen. Det känns skönt att veta att jag inte har några planer eller skyldigheter den här **kvällen**. Jag kommer hem och min partner står redan i köket och börjar förbereda vår middag. Det luktar **fantastiskt** här inne! Vi pratar medan vi lagar mat, tar del av varandras dagar och delar med oss av små historier från våra arbetsliv. Köket är mitt favoritrum i vår lägenhet. Jag älskar att laga mat, och jag älskar särskilt att laga mat tillsammans med min partner. Vi har alltid så roligt här inne, skrattar och skämtar medan vi lagar en storm. Dessutom blir maten alltid **otrolig** när vi arbetar **tillsammans**.

Ikväll ska vi laga ett av mina absoluta favoritrecept: **kyckling** parmesan. Min partner börjar med att panera kycklingen medan jag får såsen att sjuda på **spisen**. Vi arbetar tillsammans som en väloljad maskin och snart är middagen klar att serveras. Vi sätter oss vid vårt lilla köksbord med **tallrikar** fulla med kyckling parmesan, pasta och sallad. Vi klinkar i glasen och tar vår första tugga - och den är **himmelsk**! Kycklingen är krispig

the sauce is flavorful and perfect; the pasta is cooked al dente... everything tastes absolutely perfect tonight. We both know that this was one of those nights where everything just came together perfectly as we **savour** every last bite of our delicious meal. It tasted even better than it smelled—which was pretty damn good! We finish our meal relatively quickly as neither of us is particularly hungry today, but we take our time enjoying a few more **glasses** of wine while chatting lightly about this and that topic. After dinner, we clean up quickly together and then move into the living room, where we spend some time **cuddling** on the couch while watching TV.

It feels so nice just being close to each other after a long day apart **working**. I feel content. Even though we didn't have an eventful evening, it was nice to just spend some time together without having to leave the house. We watched a movie and went to bed early, feeling **satisfied** with our simple night in. This has become one of our **favourite** things to do on nights when we don't want to go out—just relax at home and enjoy each other's company over a home-cooked meal. It's always nice to know that we can come back here after a long day and just be ourselves. **Eventually**, we both start yawning, so we decide to head upstairs to bed, where we read for a bit before snuggling close under the covers and falling asleep soundly.

på utsidan men saftig på insidan, såsen är smakrik och perfekt, pastan är kokt al dente... allt smakar helt perfekt i kväll. Vi vet båda att det här var en av de kvällar där allting bara kom samman perfekt när vi **njuter av** varenda tugga av vår utsökta måltid. Den smakade ännu bättre än den luktade - vilket var jäkligt bra! Vi äter upp vår måltid relativt snabbt eftersom ingen av oss är särskilt hungrig idag, men vi tar oss tid att njuta av ytterligare några **glas** vin medan vi pratar lättsamt om det ena eller andra ämnet. Efter middagen städar vi snabbt tillsammans och flyttar sedan in i vardagsrummet där vi tillbringar lite tid med att **mysa** i soffan medan vi tittar på TV.

Det känns så skönt att bara vara nära varandra efter en lång **arbetsdag**. Jag känner mig nöjd. Även om vi inte hade någon händelserik kväll var det trevligt att bara tillbringa lite tid tillsammans utan att behöva lämna huset. Vi tittade på en film och gick tidigt till sängs och kände oss **nöjda** med vår enkla kväll. Detta har blivit en av våra favoritsaker att göra på kvällar när vi inte vill gå ut - bara koppla av hemma och njuta av varandras sällskap över en hemlagad måltid. Det är alltid trevligt att veta att vi kan komma tillbaka hit efter en lång dag och bara vara oss själva. **Så småningom** börjar vi båda gäspa, så vi bestämmer oss för att gå upp till sängen, där vi läser en stund innan vi myser tätt intill varandra under täcket och somnar ordentligt.

Comprehension Questions

1. Where does the narrator come from?

2. What does the narrator do after work?

3. What does the narrator eat for dinner?

4. Why does the narrator like the kitchen?

5. What kind of dish does the couple cook?

6. How does the narrator feel at the end of the evening?

7. What is the couple's favorite thing to do?

8. What do the couple do when they get tired?

9. Where do they sleep?

10. Why does the narrator like to stay at home?

Frågor om förståelse

1. Varifrån kommer berättaren?

2. Vad gör berättaren efter jobbet?

3. Vad äter berättaren till middag?

4. Varför gillar berättaren köket?

5. Vilken typ av maträtt lagar paret?

6. Hur känner sig berättaren i slutet av kvällen?

7. Vad är parets favoritsak att göra?

8. Vad gör paret när de blir trötta?

9. Var sover de?

10. Varför vill berättaren stanna hemma?

Walking Home

It was a **peaceful** night as I walked home from work. As I walked, I couldn't help but smile at the memories. It felt good to be back in my old neighborhood. I waved to a few people I knew, and they waved back. It was good to be home. I walked past my old school and **remembered** all the good times I had with my friends. We would always walk home together and talk about our day. **Sometimes** we would stop and get ice cream or go to the park. Those were the best times. I miss those times. But now I have my own family and I'm happy with my life. I'm glad I can look back on those memories and smile. They are a part of my life that I will always cherish. Those were the best times. I miss those times. But now I have my own family and I'm happy with my life. I'm glad I can look back on those **memories** and smile. They are a part of my life that I will always cherish.

I keep walking, thinking about the good times I had with my friends. I know I'll see them again soon. I head towards my home and decide to walk through a park nearby. The sun is setting and the sky is turning a **beautiful** orange color. The park is empty, except for a few birds chirping in the trees. I take a deep **breath** and smile. As I walk through the park, I see a shooting

Att gå hem

Det var en **lugn** natt när jag gick hem från jobbet. När jag gick kunde jag inte låta bli att le åt minnena. Det kändes bra att vara tillbaka i mitt gamla kvarter. Jag vinkade till några personer som jag kände och de vinkade tillbaka. Det var skönt att vara hemma. Jag gick förbi min gamla skola och **mindes** alla goda stunder som jag hade haft med mina vänner. Vi brukade alltid gå hem tillsammans och prata om vår dag. **Ibland** stannade vi och köpte glass eller gick till parken. Det var de bästa tiderna. Jag saknar dessa tider. Men nu har jag min egen familj och är nöjd med mitt liv. Jag är glad att jag kan se tillbaka på dessa minnen och le. De är en del av mitt liv som jag alltid kommer att uppskatta. Det var den bästa tiden. Jag saknar den tiden. Men nu har jag min egen familj och är lycklig med mitt liv. Jag är glad att jag kan se tillbaka på dessa **minnen** och le. De är en del av mitt liv som jag alltid kommer att uppskatta.

Jag fortsätter att gå och tänker på de fina stunderna med mina vänner. Jag vet att jag snart kommer att träffa dem igen. Jag går mot mitt hem och bestämmer mig för att gå genom en park i närheten. Solen håller på att gå ner och himlen får en **vacker** orange färg. Parken är tom, förutom några fåglar som kvittrar i träden. Jag tar ett djupt **andetag och** ler. När jag går genom parken

star streak across the sky. I made a wish on that star, and kept walking. I think about my day at work and how **peaceful** it was. I smile to myself, thinking about how lucky I am to have such a great job. I walk home, **feeling** the cool night air on my skin. I feel so alive and happy, just enjoying the simple act of walking home on a peaceful night. I felt so good, I started **whistling**. I walked past a few people on the street, but they were all minding their own business.

I turned the corner onto my street and saw my neighbor's cat, Mr. Whiskers, sitting on my porch. I said hello to him and he meowed back. I **unlocked** my door and went inside. I was so happy to be home. I took off my shoes and got ready for bed. I went to bed that night feeling happy and grateful, my heart full of love. I slept soundly through the night, not worrying about anything. I woke up from a restful sleep and was **greeted** by the sun shining in through my window. I got out of bed and stretched, taking a deep breath and feeling the cool air fill my lungs. I walked to my window and looked out, hearing the birds chirping and the **squirrels** playing. I smiled and went to get dressed, feeling happy and content. I had a great day, spending time with my **friends** and family. I laughed and joked and just **enjoyed** myself.

ser jag ett stjärnskott röra sig över himlen. Jag önskar mig något på den stjärnan och fortsätter att gå. Jag tänker på min dag på jobbet och hur **fridfull** den var. Jag ler för mig själv och tänker på hur lycklig jag är som har ett så bra jobb. Jag går hem och **känner den** svala nattluften på min hud. Jag känner mig så levande och lycklig, när jag bara njuter av den enkla handlingen att gå hem en lugn natt. Jag kände mig så bra att jag började **vissla**. Jag gick förbi några människor på gatan, men alla skötte sig själva.

Jag svängde runt hörnet på min gata och såg grannens katt, Mr Whiskers, sitta på min veranda. Jag sa hej till honom och han mejade tillbaka. Jag **låste upp** min dörr och gick in. Jag var så glad över att vara hemma. Jag tog av mig skorna och gjorde mig redo för sängen. Jag gick till sängs den kvällen och kände mig glad och tacksam, mitt hjärta fullt av kärlek. Jag sov gott hela natten och oroade mig inte för någonting. Jag vaknade upp från en vilsam sömn och **möttes** av solen som sken in genom mitt fönster. Jag gick upp ur sängen och sträckte mig, tog ett djupt andetag och kände hur den svala luften fyllde mina lungor. Jag gick till mitt fönster och tittade ut, hörde fåglarna kvittra och **ekorrarna** leka. Jag log och gick och klädde på mig och kände mig glad och nöjd. Jag hade haft en fantastisk dag och tillbringat tid med mina **vänner** och min familj. Jag skrattade och skämtade och bara **njöt**.

Comprehension Questions

1. What was the protagonist doing when the story started?

2. What did the protagonist think about when walking home?

3. What did the protagonist used to do with friends after school?

4. What does the protagonist miss about those times?

5. What does the protagonist think about their current life?

6. What does the protagonist do when they see a shooting star?

7. How does the protagonist feel when they walk home?

8. What does the protagonist do when they get home?

9. How does the protagonist feel when they wake up the next morning?

10. What does the protagonist do the next day?

Frågor om förståelse

1. Vad gjorde huvudpersonen när berättelsen började?

2. Vad tänkte huvudpersonen på när han gick hem?

3. Vad brukade huvudpersonen göra med sina vänner efter skolan?

4. Vad saknar huvudpersonen från den tiden?

5. Vad tycker huvudpersonen om sitt nuvarande liv?

6. Vad gör huvudpersonen när de ser ett stjärnfall?

7. Hur känner sig huvudpersonen när de går hem?

8. Vad gör huvudpersonen när de kommer hem?

9. Hur känner sig huvudpersonen när han vaknar nästa morgon?

10. Vad gör huvudpersonen nästa dag?

The castle

The family had always wanted to visit an old castle in **Germany**, and finally they took the trip. They were not **disappointed**. The castle was beautiful, and they enjoyed exploring its many rooms and corridors. The first thing that hit them was the smell. They found **mould**, dampness, and something else they couldn't quite put their finger on. The second thing was the sound. Stone walls are thick, but they don't deaden sound completely. They heard every footstep, every word spoken in a normal voice, and the occasional drip of water **somewhere** in the distance. As their eyes adjusted to the dim light, they saw massive stone walls looming all around them, tapestries hanging from them in **tattered** shreds. They were standing in a huge hall with a high ceiling supported by carved pillars. They also loved the views from the turrets, and the kids had a great time running around the grounds. The **sun** had begun to set by the time they finished exploring the castle, and they regretted that they hadn't brought a **flashlight**. They decided to make their way back to the entrance, but soon found themselves lost. They wandered around for what felt like hours, until finally they came across a door that led outside. They continued until they **reached** the end of the hall and came to an imposing set of double doors. Try as they

Slottet

Familjen hade alltid velat besöka ett gammalt slott i **Tyskland,** och till slut gjorde de resan. De blev inte **besvikna**. Slottet var vackert och de njöt av att utforska dess många rum och korridorer. Det första som slog dem var lukten. De hittade **mögel**, fukt och något annat som de inte riktigt kunde sätta fingret på. Det andra var ljudet. Stenväggar är tjocka, men de dämpar inte ljudet helt och hållet. De hörde varje fotsteg, varje ord som sades med normal röst och ibland droppade vatten **någonstans** i fjärran. När deras ögon anpassade sig till det svaga ljuset såg de massiva stenväggar som tornade upp sig runt omkring dem och från dem hängde gobelänger i **trasiga** fragment. De stod i en enorm sal med högt tak som stöddes av snidade pelare. De älskade också utsikten från tornen, och barnen hade en fantastisk tid att springa runt på området. **Solen** hade börjat gå ner när de var klara med att utforska slottet, och de ångrade att de inte hade tagit med sig en **ficklampa**. De bestämde sig för att ta sig tillbaka till ingången, men fann sig snart vilse. De vandrade runt i vad som kändes som timmar, tills de slutligen kom till en dörr som ledde ut. De fortsatte tills de **nådde** slutet av hallen och kom till en imponerande uppsättning dubbeldörrar. De försökte hur mycket de än gjorde, men dörrarna rörde sig inte. De skramlade **betänkligt**

might, the doors wouldn't budge. They rattle **ominously** but don't move an inch. It looked like whoever was here before must have gone through here and locked them from inside. Eventually, they find a way out. Relief washed over them as they stepped out into the cool night air.

The sun had begun to set, and they **regretted** that they hadn't brought a flashlight. They decided to make their way back to the entrance, but soon found themselves lost. They wandered around for what felt like hours, until finally they came across a door that led **outside**. Relief washed over them as they stepped out into the cool night air. The next evening, they made sure to take a flashlight with them as they explored the rest of the castle. They walked through the **courtyard** and down to the river that ran behind the **castle** walls. As they walked around, they began to hear strange noises. It sounded like someone was following them. They quickened their pace, but the noises got louder and closer. The family ran back to the castle as fast as they could, and they were relieved to see that the figure in the **dark** cloak had not followed them.

men rörde sig inte en tum. Det såg ut som om den som varit här tidigare måste ha gått igenom här och låst dem inifrån. Så småningom hittar de en väg ut. Lättnad sköljde över dem när de klev ut i den svala nattluften.

Solen hade börjat gå ner och de **ångrade** att de inte hade tagit med sig en ficklampa. De bestämde sig för att ta sig tillbaka till ingången, men fann sig snart vilse. De vandrade runt i vad som kändes som timmar, tills de slutligen kom till en dörr som ledde **ut**. Lättnad sköljde över dem när de klev ut i den svala nattluften. Nästa kväll såg de till att ta med sig en ficklampa när de utforskade resten av slottet. De gick genom **gården** och ner till floden som rann bakom **slottets** murar. Medan de gick runt började de höra konstiga ljud. Det lät som om någon följde efter dem. De ökade tempot, men ljuden blev högre och närmare. Familjen sprang tillbaka till slottet så fort de kunde, och de var lättade över att se att figuren i den **mörka** kappan inte hade följt efter dem.

Comprehension Questions

1. What did the family do when they got lost in the castle?

2. How did the family feel when they found out it was just a local man?

3. What did the man do that got him arrested?

4. What was the sentence for the man?

5. What noise did the family hear while they were walking?

6. Where was the figure in the dark cloak when the family saw him?

7. What did the family do when they got back to their room?

8. When did the family go explore the castle again?

9. What was the thing that the family couldn't put their finger on?

10. What did the family do before they went exploring the castle again?

Frågor om förståelse

1. Vad gjorde familjen när de gick vilse i slottet?

2. Hur kände sig familjen när de fick reda på att det bara var en lokal man?

3. Vad gjorde mannen som gjorde att han blev arresterad?

4. Vilken var domen för mannen?

5. Vilket ljud hörde familjen när de gick?

6. Var befann sig figuren i den mörka kappan när familjen såg honom?

7. Vad gjorde familjen när de kom tillbaka till sitt rum?

8. När gick familjen på upptäcktsfärd i slottet igen?

9. Vad var det som familjen inte kunde sätta fingret på?

10. Vad gjorde familjen innan de gick på upptäcktsfärd i slottet igen?

My Garden

My garden is my happy place. I go out there every day, rain or shine, and spend time tending to my plants. I have a little bit of **everything**-vegetables, fruits, flowers, herbs. I even have a few chickens that help keep the pests at bay. I start my days in the garden by gathering eggs from the chickens. Then I check on my veggies, making sure they are getting enough water and sun. I weed the beds and pick off any bugs that might be **attacking** the plants. Once **everything** is taken care of, I sit back and enjoy the peace and quiet of nature.

I have always loved spending time in my garden. There is something about being surrounded by nature and all of the **beauty** that it has to offer. I find it to be a very peaceful and calming place. I often spend time in my garden just relaxing and enjoying the scenery. I also enjoy working in my garden and growing things. I have a pretty good-sized garden, and I like to grow a variety of **different** things in it. I grow flowers, **vegetables**, and herbs. I also have a few fruit trees that produce some delicious apples, pears, and plums. In addition to growing things, I also enjoy spending time just walking around my garden, **admiring** all of the different plants and animals that call it home. I have spent many hours over the years working on making my **garden** into a

Min trädgård

Min trädgård är min lyckliga plats. Jag går ut dit varje dag, regn eller solsken, och ägnar tid åt att sköta mina växter. Jag har lite av **allt - grönsaker**, frukt, blommor och örter. Jag har till och med några höns som hjälper till att hålla skadedjuren borta. Jag börjar mina dagar i trädgården med att hämta ägg från hönorna. Sedan kollar jag mina grönsaker och ser till att de får tillräckligt med vatten och sol. Jag ogräsrensar rabatterna och plockar bort eventuella insekter som **angriper** växterna. När **allt är klart** sitter jag tillbaka och njuter av naturens lugn och ro.

Jag har alltid älskat att tillbringa tid i min trädgård. Det är något med att vara omgiven av naturen och all den **skönhet som** den har att erbjuda. Jag tycker att det är en mycket fridfull och lugnande plats. Jag tillbringar ofta tid i min trädgård med att bara koppla av och njuta av landskapet. Jag tycker också om att arbeta i min trädgård och odla saker. Jag har en ganska stor trädgård och jag tycker om att odla en mängd **olika** saker i den. Jag odlar blommor, **grönsaker** och örter. Jag har också några fruktträd som producerar läckra äpplen, päron och plommon. Förutom att odla saker tycker jag också om att bara gå runt i min trädgård och **beundra** alla olika växter och djur som bor där. Jag har

place that is not only beautiful but also functional. I love to watch the birds flit around and listen to them sing. Sometimes I even bring out a book and read in the garden while surrounded by all the beauty that I've created. **Gardening** is my passion and it brings me so much joy. Every day in my garden is a good day.

One of the things that I love to do is cook, so having a well-stocked herb garden is very **important** to me. Thyme, basil, oregano, rosemary, sage, and lavender are just some of the herbs that I like to grow in my garden so that I can use them when cooking meals for myself or for **guests**. Another thing that is important to me when it comes to my garden is making sure that there is plenty of colour throughout it. To achieve this goal, I grow a wide variety of flowers, including **roses**, lilies, daisies, tulips, impatiens, marigolds, etc. In addition to adding colour with flowers, I also like to add interest by using different **textures** throughout the garden. For instance, I might plant ferns beneath towering sunflowers or hostas **alongside** spiky ornamental grasses. No matter what else might be going on in life, working in my garden always **manages** to help me feel more connected to nature and at peace with myself.

tillbringat många timmar under årens lopp med att göra min **trädgård** till en plats som inte bara är vacker utan också funktionell. Jag älskar att titta på fåglarna som fladdrar runt och lyssna på deras sång. Ibland tar jag till och med fram en bok och läser i trädgården medan jag är omgiven av all den skönhet som jag har skapat. **Trädgårdsarbete** är min passion och det ger mig så mycket glädje. Varje dag i min trädgård är en bra dag.

Jag älskar att laga mat och därför är det **viktigt** för mig att ha en välfylld örtträdgård. Timjan, basilika, oregano, rosmarin, salvia och lavendel är bara några av de örter som jag gillar att odla i min trädgård så att jag kan använda dem när jag lagar mat till mig själv eller till **gäster**. En annan sak som är viktig för mig när det gäller min trädgård är att se till att det finns gott om färg i hela trädgården. För att uppnå detta mål odlar jag en mängd olika blommor, bland annat **rosor**, liljor, prästkragar, tulpaner, impatiens, ringblommor osv. Förutom att ge färg med blommor gillar jag också att skapa intresse genom att använda olika **texturer i** hela trädgården. Jag kan till exempel plantera ormbunkar under höga solrosor eller hostor **tillsammans med** spetsiga prydnadsgräs. Oavsett vad som händer i livet **lyckas** arbetet i min trädgård alltid hjälpa mig att känna mig mer förknippad med naturen och känna mig i fred med mig själv.

Comprehension Questions

1. Where is the author's garden?

2. How many chickens does the author have?

3. What does the author do in the garden every day?

4. Why does the author like the garden?

5. What herbs does the author plant in the garden?

6. Why is it important to the author that there are many colors in his garden?

7. How does the author bring variety to his garden?

8. How does the author feel when he works in his garden?

9. What makes the author feel connected when he is in his garden?

10. why is every day in the author's garden a good day?

Frågor om förståelse

1. Var ligger författarens trädgård?

2. Hur många höns har författaren?

3. Vad gör författaren i trädgården varje dag?

4. Varför tycker författaren om trädgården?

5. Vilka örter planterar författaren i trädgården?

6. Varför är det viktigt för författaren att det finns många färger i hans trädgård?

7. Hur skapar författaren variation i sin trädgård?

8. Hur känner sig författaren när han arbetar i sin trädgård?

9. Vad är det som gör att författaren känner sig uppslukad när han är i sin trädgård?

10. Varför är varje dag i författarens trädgård en bra dag?

Going Shopping

I love going **shopping** in the mall. It's always so much fun to walk around and look at all the different stores. There's something for everyone in the mall, and it's always a great place to find deals on clothes, shoes, and accessories. I **usually** start my shopping trip by walking through the main **entrance** of the mall. From there, I head to my favourite stores first. After looking through those stores, I'll walk around and see if there are any sales going on at other places. I usually end up spending a couple hours in the mall before I finally make my purchases. I always like to take my time when shopping **because** I want to make sure that I'm getting **exactly** what I want. Plus, it's just more fun that way!

I always find it so **fascinating** to people watch while I'm at the mall. You can really tell a lot about a person by the way they shop. Some people are very methodical and take their time, while others just seem to grab **whatever** they can and head for the check-out as fast as possible. There are also those shoppers who seem more interested in talking on their cell phones or texting than actually looking at any of the merchandise! No matter what kind of shopper you are, though, everyone seems to enjoy window shopping—even if you don't actually buy anything. There's just something about

Att shoppa

Jag älskar att **shoppa** i köpcentret. Det är alltid så roligt att gå runt och titta på alla olika butiker. Det finns något för alla i köpcentret, och det är alltid ett bra ställe att hitta erbjudanden på kläder, skor och accessoarer. Jag **brukar** börja min shoppingtur med att gå genom köpcentrets **huvudentré.** Därifrån går jag först till mina favoritbutiker. Efter att ha tittat igenom dessa butiker går jag runt och ser om det pågår någon rea på andra ställen. Det slutar oftast med att jag tillbringar ett par timmar i köpcentret innan jag slutligen gör mina inköp. Jag gillar alltid att ta god tid på mig när jag shoppar **eftersom** jag vill vara säker på att jag får **exakt** det jag vill ha. Dessutom är det bara roligare på det sättet!

Jag tycker alltid att det är så **fascinerande** att titta på folk när jag är i köpcentret. Man kan verkligen få reda på mycket om en person genom hur de handlar. Vissa människor är mycket metodiska och tar god tid på sig, medan andra bara verkar ta **allt** de kan och gå till kassan så fort som möjligt. Det finns också de shoppare som verkar mer intresserade av att prata i mobiltelefon eller sms:a än att titta på varorna! Oavsett vilken typ av shoppare du är verkar dock alla tycka om att fönstershoppa - även om du faktiskt inte köper något. Det är bara något med att titta på alla vackra saker i

looking at all of the pretty things in the store **windows** that makes me happy. Sometimes I fantasise about what it would be like if I could afford **everything** I see! All in all, spending a day shopping at the mall is one of my favourite pastimes. It's a great way to relax and unwind while also getting a little bit of exercise (if you walk around enough). Plus, it's **always** nice to treat yourself to a new shirt or pair of shoes every now and then!

I had a **long** day at work and finally had some time to myself, so I decided to go shopping at the mall. I needed some new clothes for the **upcoming** season. As soon as I walked in, I saw all the bright lights and shiny storefronts. I headed to my favourite store first and started browsing through the racks. I found a few cute tops and tried them on in the dressing room. As I was looking at myself in the mirror, I heard someone coming into the **dressing** room next to mine. I recognised their voice as one of my co-workers. We said hello and started chatting about work. After a few minutes, we both finished up and went our **separate** ways, but then ran into each other again later. We continued chatting and realised that we had more in common than we thought. We finished our drinks and then headed home for the night, **exhausted** from a long day of shopping but happy with our purchases nonetheless.

skyltfönstren som gör mig glad. Ibland fantiserar jag om hur det skulle vara om jag hade råd med **allt** jag ser! På det hela taget är en dag i köpcentret en av mina favoritsysselsättningar. Det är ett utmärkt sätt att koppla av och varva ner samtidigt som man får lite motion (om man går runt tillräckligt mycket). Dessutom är det **alltid** trevligt att unna sig en ny skjorta eller ett par skor då och då!

Jag hade haft en **lång** dag på jobbet och hade äntligen lite tid för mig själv, så jag bestämde mig för att shoppa i köpcentret. Jag behövde några nya kläder för den **kommande** säsongen. Så fort jag gick in såg jag alla ljusa lampor och glänsande skyltfönster. Jag gick först till min favoritbutik och började bläddra bland hyllorna. Jag hittade några söta toppar och provade dem i omklädningsrummet. När jag tittade på mig själv i spegeln hörde jag någon komma in i omklädningsrummet bredvid mitt. Jag kände igen rösten som en av mina medarbetare. Vi hälsade på varandra och började prata om jobbet. Efter några minuter blev vi båda färdiga och gick **skilda** vägar, men sprang på varandra igen senare. Vi fortsatte att prata och insåg att vi hade mer gemensamt än vi trodde. Vi drack färdigt våra drinkar och gick sedan hem för kvällen, **utmattade** efter en lång shoppingdag men nöjda med våra inköp ändå.

Comprehension Questions

1. Where do you like to store the most?

2. What is your favorite store in the mall?

3. How long do you usually stay at the mall?

4. What do you think about people who spend a lot of time at the mall?

5. what is your favorite thing to do at the mall?

6. Have you ever bought something at the mall when you didn't really need it?

7. How do you react when you see something at the mall that you would really like, but it is too expensive?

8. Have you ever seen something at the mall and wondered who would buy it?

9. What is your opinion about people who are busy with their cell phones in the mall instead of looking at the stores?

Frågor om förståelse

1. Var vill du lagra mest?

2. Vilken är din favoritbutik i köpcentret?

3. Hur länge brukar du stanna i köpcentret?

4. Vad tycker du om människor som tillbringar mycket tid i köpcentret?

5. Vad är din favoritsak att göra på köpcentret?

6. Har du någonsin köpt något på köpcentret när du egentligen inte behövde det?

7. Hur reagerar du när du ser något i köpcentret som du verkligen skulle vilja ha, men som är för dyrt?

8. Har du någonsin sett något i köpcentret och undrat vem som skulle köpa det?

9. Vad tycker du om människor som är upptagna med sina mobiltelefoner i köpcentret i stället för att titta på butikerna?

At the Market

I wake up early on Saturday morning, eager to get to the **market** before it gets too crowded. I throw on some clothes and head out the door, grabbing my reusable bags on the way. As I walk, I start planning what I want to make for the week ahead. I know I want to **roast** vegetables at least once, so I'll need to buy some good quality vegetables. I also want to make a soup or stew, so I'll need to get some meat as well. I'll have to see what looks good when I get there. The market is only a few blocks away, and I can already see the stalls set up and the **people** milling about.

I arrive at the market and head straight for the vegetable stand. The selection is beautiful, and I fill my bags with a variety of **fresh** produce. I chat with the farmer for a bit, and he recommends some recipes to me. I'm excited to try them out. I chat with the **farmers** as I shop, getting to know them and their products. After I have all the vegetables I need, I move on to the meat section. I'm a bit more hesitant here, as I'm not sure what I want to get. I eventually decide on chicken because it is versatile and can be used in a variety of dishes. I also buy a few different cuts of meat, making sure to get grass-fed beef and free-range **chicken**. The butcher was a friendly man, always cheerful despite

På marknaden

Jag vaknar tidigt på lördagsmorgonen och är ivrig att ta mig till **marknaden** innan det blir för mycket folk. Jag tar på mig några kläder och går ut genom dörren och tar mina återanvändbara väskor på vägen. Medan jag går börjar jag planera vad jag vill göra för veckan som kommer. Jag vet att jag vill **steka** grönsaker minst en gång, så jag måste köpa grönsaker av god kvalitet. Jag vill också göra en soppa eller gryta, så jag måste köpa lite kött också. Jag får se vad som ser bra ut när jag kommer dit. Marknaden ligger bara några kvarter bort, och jag kan redan se hur stånden står uppställda och hur **folk** rör sig där.

Jag kommer till marknaden och går direkt till grönsaksståndet. Utbudet är vackert, och jag fyller mina påsar med en mängd olika **färska** produkter. Jag pratar med bonden en stund och han rekommenderar mig några recept. Jag är förväntansfull och vill prova dem. Jag pratar med **jordbrukarna** medan jag handlar och lär känna dem och deras produkter. När jag har alla grönsaker jag behöver går jag vidare till köttavdelningen. Jag är lite mer tveksam här, eftersom jag inte är säker på vad jag vill köpa. Till slut bestämmer jag mig för kyckling eftersom det är mångsidigt och kan användas i en mängd olika rätter. Jag köper också

the long hours he worked. He wrapped up my chicken breasts and steak before chatting to me about his weekend plans. I said goodbye to him and continued on my way. I also grabbed some eggs and cheese from the dairy section.

The market was bustling with people, all of them eager to get their **hands** on the fresh produce and meat that were on offer. The air was thick with the smell of garlic and onions, and the sound of laughter and conversation filled the air. I made my way through the crowd, picking out the other items I needed for my weekly shop. I filled my **basket** with fruit and vegetables, pasta and bread, before heading to the checkout. The queue was long, but it moved quickly. Finally, the last of the **groceries** were bought, and it was time to go home. The car was loaded up, and the drive home was long and tedious. The traffic was heavy and the heat was oppressive. Finally, the car pulled into the driveway and the relief was palpable. The house was cool and quiet, and it was a haven after the **hustle** and bustle of the market. Everything was put away, and the house was soon back to its usual peace and quiet. I had everything I needed to make some **delicious** meals for myself and for my family. It was good to be home.

några olika köttstycken och ser till att få gräsbetat nötkött och frigående **kyckling**. Slaktaren var en vänlig man som alltid var glad trots de långa arbetsdagarna. Han lindade in mina kycklingbröst och min biff innan han pratade med mig om sina helgplaner. Jag tog farväl av honom och fortsatte min väg. Jag tog också några ägg och ost från mejeriavdelningen.

Marknaden var full av människor som alla var ivriga att få **tag på de** färska råvaror och det kött som erbjöds. Luften var tjock av lukten av vitlök och lök och ljudet av skratt och samtal fyllde luften. Jag tog mig fram genom folkmassan och plockade ut de andra varor som jag behövde till min veckoaffär. Jag fyllde min **korg** med frukt och grönsaker, pasta och bröd innan jag gick till kassan. Kön var lång, men den gick snabbt. Till slut var de sista **matvarorna** inköpta och det var dags att åka hem. Bilen lastades och körningen hem var lång och tråkig. Trafiken var tung och värmen var tryckande. Till slut körde bilen in på uppfarten och lättnaden var påtaglig. Huset var svalt och tyst och det var en fristad efter marknadens liv och rörelse. Allting ställdes undan och huset var snart tillbaka till sin vanliga lugn och ro. Jag hade allt jag behövde för att laga några **goda** måltider till mig själv och min familj. Det var skönt att vara hemma.

Comprehension Questions

1. Where is the person going?

2. What does the person want to buy?

3. How many bags does the person have?

4. How far away is the market?

5. What is the person doing right now?

6. What is everything in the market?

7. How many people are in the market?

8. How long did it take the person to buy everything?

9. How did the person go home?

10. What did the person do when he or she got home?

Frågor om förståelse

1. Vart är personen på väg?

2. Vad vill personen köpa?

3. Hur många väskor har personen?

4. Hur långt bort ligger marknaden?

5. Vad gör personen just nu?

6. Vad är allt på marknaden?

7. Hur många personer finns på marknaden?

8. Hur lång tid tog det för personen att köpa allt?

9. Hur åkte personen hem?

10. Vad gjorde personen när han eller hon kom hem?

At a Cafe

It was a chilly **autumn** morning, and I had arranged to meet my friend Lily at our favourite cafe for a coffee. I wrapped up warm in my coat and scarf and set off. The leaves were falling from the trees and the air had a nip to it, but the sun was shining and it promised to be a beautiful day. As I walked, I **thought** about how good it was to have a friend like Lily. We had been friends for years, ever since we met at **university**. We bonded over our love of coffee and spending time chatting in cafes. Even though we now lived in different parts of the city, we still managed to meet up for coffee once a week. I arrived at the cafe, and Lily was already there, waiting for me. We hugged each other hello and then ordered our coffees. We found a table by the window and settled down to chat. The **coffee** was delicious, as always, and it was so nice to catch up with Lily. We talked about our week, our jobs, and our plans for the future. It was always so easy to talk to Lily, and I felt like I could tell her anything. After a while, we started to get hungry and **decided** to order some food.

We **ordered** our food and found a seat by the window. The sun was shining in through the window, making everything feel warm and happy. We chatted as we ate our food, enjoying the simple pleasure of being

Frågor om förståelse

1. Vart är personen på väg?

2. Vad vill personen köpa?

3. Hur många väskor har personen?

4. Hur långt bort ligger marknaden?

5. Vad gör personen just nu?

6. Vad är allt på marknaden?

7. Hur många personer finns på marknaden?

8. Hur lång tid tog det för personen att köpa allt?

9. Hur åkte personen hem?

10. Vad gjorde personen när han eller hon kom hem?

At a Cafe

It was a chilly **autumn** morning, and I had arranged to meet my friend Lily at our favourite cafe for a coffee. I wrapped up warm in my coat and scarf and set off. The leaves were falling from the trees and the air had a nip to it, but the sun was shining and it promised to be a beautiful day. As I walked, I **thought** about how good it was to have a friend like Lily. We had been friends for years, ever since we met at **university**. We bonded over our love of coffee and spending time chatting in cafes. Even though we now lived in different parts of the city, we still managed to meet up for coffee once a week. I arrived at the cafe, and Lily was already there, waiting for me. We hugged each other hello and then ordered our coffees. We found a table by the window and settled down to chat. The **coffee** was delicious, as always, and it was so nice to catch up with Lily. We talked about our week, our jobs, and our plans for the future. It was always so easy to talk to Lily, and I felt like I could tell her anything. After a while, we started to get hungry and **decided** to order some food.

We **ordered** our food and found a seat by the window. The sun was shining in through the window, making everything feel warm and happy. We chatted as we ate our food, enjoying the simple pleasure of being

På ett café

Det var en kylig höstmorgon och jag hade bestämt mig för att träffa min vän Lily på vårt favoritkafé för att ta en kaffe. Jag svepte in mig varmt i min kappa och halsduk och gick iväg. Löven höll på att falla från träden och luften hade en liten gnutta, men solen sken och det lovade att bli en vacker dag. Medan jag gick **tänkte** jag på hur bra det var att ha en vän som Lily. Vi hade varit vänner i flera år, ända sedan vi träffades på **universitetet**. Vi hade knutit band till varandra genom vår kärlek till kaffe och genom att tillbringa tid med att prata på kaféer. Även om vi nu bodde i olika delar av staden lyckades vi fortfarande träffas på kaffe en gång i veckan. Jag kom till caféet och Lily var redan där och väntade på mig. Vi kramade varandra hej och beställde sedan våra kaffesorter. Vi hittade ett bord vid fönstret och slog oss ner för att prata. **Kaffet** var utsökt, som alltid, och det var så trevligt att prata med Lily. Vi pratade om vår vecka, våra jobb och våra planer för framtiden. Det var alltid så lätt att prata med Lily och det kändes som om jag kunde berätta allt för henne. Efter ett tag började vi bli hungriga och **bestämde oss för att** beställa lite mat.

Vi **beställde** vår mat och hittade en plats vid fönstret. Solen sken in genom fönstret och fick allt att kännas

in each other's **company**. The cafe was busy, but it didn't feel crowded. There was a feeling of peace and contentment in the air. As we finished our food, we sat for a while longer, just enjoying the peaceful **atmosphere**. We talked for a while about different things that had been going on in our lives. It was so nice to catch up with my friend and just **relax**. The sun was shining through the window, and it felt like **nothing** could ruin our perfect day.

Suddenly, I heard a loud crash. I turned around to see that a man had fallen through the ceiling and was lying on the floor in front of us. He was **covered** in dust and debris and appeared to be unconscious. My friend and I were both in shock as we stared at the man lying on the floor. We didn't know what to do or who to call for help. We just sat there staring at him, not knowing what to do. After a few minutes, I snapped out of it and called 911. The operator told me that someone would be there soon. I hung up the phone and told my friend what the **operator** had said. We both just sat there waiting for help to arrive. It felt like forever, but eventually an ambulance **showed** up. The paramedics rushed in and started working on the man. They quickly determined that he was injured and needed to be taken to the **hospital**.

varmt och glatt. Vi pratade medan vi åt vår mat och njöt av det enkla nöjet att vara i varandras **sällskap**. Caféet var upptaget, men det kändes inte trångt. Det fanns en känsla av frid och tillfredsställelse i luften. När vi hade ätit upp vår mat satt vi en stund till och njöt av den fridfulla **atmosfären**. Vi pratade en stund om olika saker som hade hänt i våra liv. Det var så skönt att få prata med min vän och bara **slappna av**. Solen sken genom fönstret och det kändes som om **ingenting** kunde förstöra vår perfekta dag.

Plötsligt hörde jag en hög ljudlig krasch. Jag vände mig om och såg att en man hade fallit genom taket och låg på golvet framför oss. Han var **täckt av** damm och skräp och verkade vara medvetslös. Min vän och jag var båda i chock när vi stirrade på mannen som låg på golvet. Vi visste inte vad vi skulle göra eller vem vi skulle ringa efter hjälp. Vi satt bara där och stirrade på honom utan att veta vad vi skulle göra. Efter några minuter kom jag till mig själv och ringde 112. Operatören sa till mig att någon skulle vara där snart. Jag lade på luren och berättade för min vän vad **operatören** hade sagt. Vi båda satt bara där och väntade på att hjälpen skulle komma. Det kändes som en evighet, men till slut **kom** en ambulans. Ambulanspersonalen rusade in och började arbeta med mannen. De konstaterade snabbt att han var skadad och behövde föras till **sjukhus**.

Comprehension Questions

1. Where does the man who falls through the roof come from?

2. Why is the woman with her friend in the café?

3. What is the two friends' favorite café?

4. How long have the two friends known each other?

5. What is the two friends' favorite drink?

6. In which city do the two friends live?

7. How often do the two friends meet?

8. What do the two friends talk about when they first meet at their favorite café?

9. What is the favorite food of the two friends?

10. Why is it so easy to talk to Lily?

Frågor om förståelse

1. Varifrån kommer mannen som faller genom taket?

2. Varför är kvinnan med sin väninna på kaféet?

3. Vilket är de två vännernas favoritkafé?

4. Hur länge har de två vännerna känt varandra?

5. Vad är de två vännernas favoritdryck?

6. I vilken stad bor de två vännerna?

7. Hur ofta träffas de två vännerna?

8. Vad pratar de två vännerna om när de först träffas på sitt favoritkafé?

9. Vad är de två vännernas favoritmat?

10. Varför är det så lätt att prata med Lily?

Going Swimming

The pool was always a **refreshing** place to be, and today was no different. The sun was shining and the water looked inviting. I took a deep breath and dove in, feeling the cool embrace of the water. I swam laps for a while, enjoying the exercise and the chance to clear my head. After a while, I got out and dried off, then sat down on a towel to relax in the sun. I closed my eyes and let the **warmth** wash over me, feeling my muscles start to relax. Suddenly, I heard a splash and opened my eyes to see my little sister **paddling** around in the shallow end. I smiled and watched her for a while, then stood up and walked over to her. We chatted for a bit and paddled around together, enjoying each other's company. Soon, our parents joined us, and we spent the rest of the afternoon swimming and playing games together. It was always so nice to spend time with the family at the pool. There's **something** about being in the water that just seems to bring people together. Maybe it's because we're all equal when we're in the water—we can't hide our flaws or pretend to be something we're not. Or maybe it's just because it's fun! **Whatever** the reason, I was just glad that we could all come together and enjoy each other's company in such a special place.

Att simma

Poolen var alltid en **uppfriskande** plats att vara på, och idag var det inte annorlunda. Solen sken och vattnet såg inbjudande ut. Jag tog ett djupt andetag och dök ner och kände vattnets svala omfamning. Jag simmade varv ett tag och njöt av motionen och chansen att rensa huvudet. Efter en stund gick jag ut och torkade mig, och satte mig sedan på en handduk för att slappna av i solen. Jag slöt ögonen och lät **värmen** skölja över mig och kände hur mina muskler började slappna av. Plötsligt hörde jag ett plask och öppnade ögonen för att se min lillasyster **paddla** runt i den grunda delen. Jag log och tittade på henne en stund, sedan reste jag mig upp och gick över till henne. Vi pratade lite och paddlade runt tillsammans och njöt av varandras sällskap. Snart anslöt sig våra föräldrar till oss och vi tillbringade resten av eftermiddagen med att simma och spela spel tillsammans. Det var alltid så trevligt att tillbringa tid med familjen vid poolen. Det är **något** med att vara i vattnet som bara verkar föra människor samman. Kanske beror det på att vi alla är lika när vi är i vattnet - vi kan inte dölja våra brister eller låtsas vara något vi inte är. Eller kanske är det bara för att det är roligt! **Oavsett vad** anledningen är så var jag bara glad att vi alla kunde samlas och njuta av varandras sällskap på en så speciell plats.

The sun was beating down on my skin and the smell of chlorine was in the air. I could hear the sounds of kids laughing and splashing around in the pool. I was lying on a **lounge** chair next to the pool, soaking up the sun and **enjoying** the day. I had my eyes closed and was just about to drift off to sleep when I heard someone walking up to me. I opened my eyes and saw a woman standing next to me. She was wearing a bikini and had a towel wrapped around her waist. She had long blonde hair and blue eyes. She was holding a bottle of **sunscreen** in her hand. “Do you mind if I put some sunscreen on your back?” she asked. “No, that’s fine,” I said, sitting up so she could reach my back. I felt her hands on my skin as she applied the sunscreen.

Her touch was gentle and the scent of the sunscreen was soothing. I closed my eyes again and let myself relax. I could hear the **sound** of her moving around, but I didn’t open my eyes. I was content just lying there in the sun, listening to the sound of the waves **crashing** against the shore. After a few minutes, she walked away, and I opened my eyes. I watched her as she walked back to her lounge chair and picked up her book. She settled into her chair and began reading. I closed my eyes again and let myself drift off to sleep. I **dreamed** that I was swimming in the pool, doing laps back and forth. The water was refreshing and cool on my skin.

Solen slog ner på min hud och lukten av klorin låg i luften. Jag kunde höra ljudet av barn som skrattade och plaskade runt i poolen. Jag låg på en solstol vid poolen och njöt av solen och **njöt av** dagen. Jag hade ögonen stängda och skulle precis somna när jag hörde någon komma fram till mig. Jag öppnade ögonen och såg en kvinna stå bredvid mig. Hon hade en bikini på sig och en handduk lindad runt midjan. Hon hade långt blont hår och blå ögon. Hon höll en flaska **solkräm i** handen. "Har du något emot att jag smörjer in din rygg med solkräm?" frågade hon. "Nej, det är okej", sa jag och satte mig upp så att hon kunde nå min rygg. Jag kände hennes händer på min hud när hon applicerade solkrämen.

Hennes beröring var mild och doften av solkrämen var lugnande. Jag slöt ögonen igen och lät mig slappna av. Jag kunde höra **ljudet av att** hon rörde sig, men jag öppnade inte ögonen. Jag var nöjd med att bara ligga där i solen och lyssna på ljudet av vågorna **som slog** mot stranden. Efter några minuter gick hon iväg och jag öppnade ögonen. Jag tittade på henne när hon gick tillbaka till sin solstol och plockade upp sin bok. Hon satte sig i stolen och började läsa. Jag slöt ögonen igen och lät mig glida in i sömnen. Jag **drömde** att jag simmade i poolen och gjorde varv fram och tillbaka. Vattnet var uppfriskande och svalkande på min hud.

Comprehension Questions

1. Where was the narrator when he begins the story?

2. What does the narrator smell when he opens his eyes?

3. What does the narrator hear when he opens his eyes?

4. Whose sunscreen does the woman give the narrator?

5. What is the narrator dreaming about?

6. Why is swimming in the sea so special for the narrator?

7.How does the water in which the narrator swims feel?

8. What does the narrator see when he comes out of the water?

9. What does the woman do after she puts the sunscreen on the narrator?

10. What do the narrator and the woman talk about at the end of the story?

Frågor om förståelse

1. Var befann sig berättaren när han började berättelsen?

2. Vad luktar berättaren när han öppnar ögonen?

3. Vad hör berättaren när han öppnar ögonen?

4. Vems solkräm ger kvinnan berättaren?

5. Vad drömmer berättaren om?

6. Varför är det så speciellt för berättaren att simma i havet?

7.Hur känns vattnet som berättaren simmar i?

8. Vad ser berättaren när han kommer upp ur vattnet?

9. Vad gör kvinnan efter att hon har smörjt in berättaren med solkräm?

10. Vad pratar berättaren och kvinnan om i slutet av berättelsen?

Mowing the Lawn

It's 10 in the morning on a summer **Saturday**, and the sun is already beating down mercilessly. You trudge out to the garage to fetch the lawn mower, feeling like you're being **sentenced** to hard labor. You start mowing the lawn, making sure to go nice and slow so you don't miss any spots. As you're mowing, you think about how good it feels to be outside in the fresh air. As you start pushing the mower back and forth across the lawn, you see your neighbour out of the corner of your **eye**. You wave and say hi, and he waves back.

After a few minutes, you're done, and you head over to your neighbour's house to have a beer with him in the front garden. It's a **perfect** day—not too hot, with a gentle breeze blowing. You sit there in the shade of the tree, sipping your beer and chatting with your neighbour. It's days like this that make you appreciate summertime. Then you **head** inside for a well-deserved beer. You flop down in a chair on the front porch and crack open the can, letting out a contented sigh. The sound of the mower fades into the background as you relax in the shade, enjoying the **peacefulness** of the moment. The beer tastes extra good after all that hard work in the heat. I was about to head inside when I heard a noise next door.

Klippning av gräsmattan

Klockan är 10 på förmiddagen en **sommarlördag och** solen slår redan obarmhärtigt ner. Du går ut i garaget för att hämta gräsklipparen och känner att du är **dömd** till hårt arbete. Du börjar klippa gräsmattan och ser till att gå lugnt och sakta så att du inte missar några ställen. Medan du klipper tänker du på hur bra det känns att vara ute i den friska luften. När du börjar skjuta gräsklipparen fram och tillbaka över gräsmattan ser du din granne ur **ögonvrån**. Du vinkar och säger hej, och han vinkar tillbaka.

Efter några minuter är du klar och går till din granne för att ta en öl med honom i trädgården. Det är en **perfekt** dag - inte för varmt, med en lätt bris som blåser. Du sitter där i skuggan av trädet, dricker din öl och pratar med din granne. Det är sådana här dagar som gör att man uppskattar sommaren. Sedan **går** du in och tar en välförtjänt öl. Du slår dig ner i en stol på verandan, öppnar burken och suckar nöjt. Ljudet från gräsklipparen försvinner i bakgrunden medan du slappnar av i skuggan och njuter av stundens **lugn.** Ölet smakar extra gott efter allt hårt arbete i värmen. Jag skulle just gå in när jag hörde ett ljud i grannhuset.

Det **lät** som om någon grät. Jag slutade klippa och gick

It **sounded** like someone was crying. I stopped mowing and walked over to the fence that separated our yards. I peered over and saw my neighbor, Mrs. Johnson, crying on her porch swing. I called out to her, but she didn't hear me. I climbed over the fence and walked over to her. "Mrs. Johnson, are you okay?" I asked. She looked up at me with tears in her eyes and shook her head. "No, I'm not okay," she said. "My cat died yesterday." I was shocked. I didn't know what to say. I just stood there awkwardly, not knowing what to do. Finally, I put my hand on her **shoulder** and said, "I'm so sorry, Mrs. Johnson. If there's anything I can do to help, please let me know. " She shook her head and said, "No, there's **nothing** anyone can do." Then she got up and went inside her house. I stood there for a moment, not knowing what to do. Then I went back to mowing my lawn. As I finished up, I couldn't help but think about Mrs. Johnson and her cat.

över till staketet som skiljde våra trädgårdar åt. Jag tittade över och såg min granne, Mrs Johnson, gråta på sin verandagunga. Jag ropade på henne, men hon hörde mig inte. Jag klättrade över staketet och gick över till henne. “Mrs Johnson, mår ni bra?” Jag frågade. Hon tittade upp på mig med tårar i ögonen och skakade på huvudet. “Nej, jag mår inte bra”, sade hon. “Min katt dog i går.” Jag blev chockad. Jag visste inte vad jag skulle säga. Jag stod bara där obekvämt och visste inte vad jag skulle göra. Till slut lade jag min hand på hennes **axel** och sa: “Jag är så ledsen, mrs Johnson. Om det finns något jag kan göra för att hjälpa till, så säg till. “ Hon skakade på huvudet och sa: “Nej, det finns **ingenting som** någon kan göra”. Sedan reste hon sig upp och gick in i sitt hus. Jag stod där en stund och visste inte vad jag skulle göra. Sedan gick jag tillbaka till att klippa min gräsmatta. När jag blev klar kunde jag inte låta bli att tänka på Mrs Johnson och hennes katt.

Comprehension Questions

1. What time is it?

2. Where is the person mowing?

3. How does the person feel?

4. Why does the person have to mow slowly?

5. What kind of weather is it?

6. What is the person doing after mowing?

7. What does the person hear before going home?

8. Whois with Mrs. Johnson?

9. Why is Mrs. Johnson crying?

10. what does the person say to Mrs. Johnson?

Frågor om förståelse

1. Vad är klockan?

2. Var är personen som klipper?

3. Hur känner sig personen?

4. Varför måste personen klippa långsamt?

5. Vad är det för väder?

6. Vad gör personen efter klippningen?

7. Vad hör personen innan han går hem?

8. Vem är med fru Johnson?

9. Varför gråter fru Johnson?

10. Vad säger personen till fru Johnson?

Getting a Haircut

I had been meaning to get a haircut for weeks, but somehow always managed to put it off. But with **Christmas** just around the corner, I knew I couldn't put it off any longer. I didn't want to show up to my family's Christmas dinner looking like a scruffy mess. So, early on Christmas morning, I made my way to the salon. Even though it was early, the salon was already busy with other people **getting** their hair done for the holiday. I took my place in the line and waited my turn. Finally, it was my turn in the chair. The stylist, a friendly woman named Jill, asked me what I wanted. "Just a trim, nothing too drastic," I replied. Jill got to work, snipping away at my hair. As she worked, I began to relax. It felt good to finally be taking care of myself. I had been so busy lately, running around taking care of everyone else, that I had let my own needs fall by the wayside. But not **anymore**. From now on, I was going to make time for myself.

When Jill was finished, I looked in the mirror and was pleased with what I saw. My hair looked tidy and polished—perfect for holiday gatherings. I **thanked** Jill and made a **mental** note to come back more often. From now on, I will take care of myself first and foremost. She got to work snipping away at my hair.

Att klippa sig

Jag hade tänkt klippa mig i flera veckor, men på något sätt lyckades jag alltid skjuta upp det. Men med **julen** runt hörnet visste jag att jag inte kunde skjuta upp det längre. Jag ville inte dyka upp till familjens julmiddag och se ut som en slarvig röra. Så tidigt på juldagsmorgonen begav jag mig till salongen. Trots att det var tidigt var salongen redan upptagen med andra människor som **skulle** fixa håret inför julen. Jag tog plats i kön och väntade på min tur. Slutligen var det min tur i stolen. Stylisten, en vänlig kvinna vid namn Jill, frågade mig vad jag ville ha. "Bara en trimning, inget alltför drastiskt", svarade jag. Jill började arbeta och klippte bort mitt hår. Medan hon arbetade började jag slappna av. Det kändes bra att äntligen ta hand om mig själv. Jag hade varit så upptagen den senaste tiden, jag hade sprungit runt och tagit hand om alla andra, att jag hade låtit mina egna behov falla bort. Men inte **längre**. Från och med nu skulle jag ta mig tid för mig själv.

När Jill var klar tittade jag mig i spegeln och var nöjd med vad jag såg. Mitt hår såg snyggt och polerat ut - perfekt för semestermöten. Jag **tackade** Jill och gjorde en **mental** anteckning om att komma tillbaka oftare. Från och med nu kommer jag att ta hand om mig själv först och främst. Hon började arbeta med att klippa

I thought about how thankful I was that I had finally gotten around to getting my haircut. It felt good to know that I would look presentable for Christmas **dinner**. No longer would I have to worry about my family teasing me about my "scruffy" appearance. After a few minutes, the stylist was finished trimming my hair and gave me a quick blow dry. I looked in the mirror and was happy with what I saw—a clean-cut look that would be perfect for Christmas dinner. Now that my haircut was out of the way, I could focus on enjoying the holiday with my family. And I was even more thankful for that.

It felt so **liberating**, and I loved the way my new haircut looked. After I paid for my haircut, I went home and started packing for my trip. I **couldn't** wait to show off my new look to my family and friends. I knew they would be surprised when they saw me. On the day of my flight, I arrived at the airport with plenty of time to spare. I went through security without any problems, and soon I was on my way. As soon as I arrived at my destination, I could feel the excitement in the air. Christmas was definitely in the air! My family was there to greet me at the airport, and they were all amazed at my new haircut. We spent the next few days **catching** up and enjoying each other's **company**. On Christmas Eve, we all went to church together and sang carols. It was a perfect holiday. I'm so glad I got my haircut before going on vacation.

mitt hår. Jag tänkte på hur tacksam jag var för att jag äntligen hade hunnit klippa mig. Det kändes bra att veta att jag skulle se presentabel ut till **julmiddagen**. Jag skulle inte längre behöva oroa mig för att min familj skulle retas med mig om mitt "slarviga" utseende. Efter några minuter var stylisten klar med att klippa mitt hår och gav mig en snabb föning. Jag tittade i spegeln och var nöjd med vad jag såg - en ren frisyr som skulle passa perfekt till julmiddagen. Nu när min klippning var avklarad kunde jag fokusera på att njuta av julen med min familj. Och det var jag ännu mer tacksam för.

Det kändes så **befriande** och jag älskade hur min nya frisyr såg ut. När jag hade betalat för frisyren gick jag hem och började packa för min resa. Jag **kunde inte** vänta med att visa upp min nya look för min familj och mina vänner. Jag visste att de skulle bli förvånade när de såg mig. På dagen för mitt flyg anlände jag till flygplatsen med gott om tid över. Jag gick igenom säkerhetskontrollen utan några problem och snart var jag på väg. Så snart jag kom fram till min destination kunde jag känna spänningen i luften. Julen låg definitivt i luften! Min familj var där för att välkomna mig på flygplatsen, och de var alla förvånade över min nya frisyr. Vi tillbringade de närmaste dagarna med att **prata** och njuta av varandras **sällskap**. På julafton gick vi alla till kyrkan tillsammans och sjöng julsånger. Det var en perfekt semester. Jag är så glad att jag klippte mig innan jag åkte på semester.

Comprehension Questions

1. What did the protagonist need to do before Christmas?

2. How did the protagonist feel about taking care of herself?

3. Who trimmed the protagonist's hair?

4. Why was the protagonist's family going to tease her?

5. How did the protagonist feel after getting her haircut?

6. What did the protagonist do after getting her haircut?

7. What was the protagonist's family's reaction to her haircut?

8. What did the protagonist do on Christmas Eve?

9. What made the protagonist's experience more special?

10. What would happen if the protagonist didn't get a haircut?

Frågor om förståelse

1. Vad måste huvudpersonen göra före jul?

2. Hur kände huvudpersonen för att ta hand om sig själv?

3. Vem klippte huvudpersonens hår?

4. Varför skulle huvudpersonens familj retas med henne?

5. Hur kände sig huvudpersonen efter att ha klippt sig?

6. Vad gjorde huvudpersonen efter att ha klippt sig?

7. Hur reagerade huvudpersonens familj på hennes frisyr?

8. Vad gjorde huvudpersonen på julafton?

9. Vad gjorde huvudpersonens upplevelse mer speciell?

10. Vad skulle hända om huvudpersonen inte klippte sig?

The park

The sun was setting, and the park was empty. I sat on the bench, waiting for my **friend**. We had planned to meet here an hour ago, but she was always late. Just as I was about to give up and go home, I saw her running towards me. “I’m so sorry,” she panted as she reached the bench. “My train was **delayed**.” “It’s okay,” I said **forgivingly**. “I just got here myself.” We sat down and chatted for a while, catching up on each other’s lives since we last met. The conversation flowed **easily**, and it felt like no time had passed at all since we last saw each other. As the sun set, we said our goodbyes and went our separate ways. The next time we met, it was in a different park. Again, she was late, but I didn’t mind. It was nice to have someone to talk to who **understood** me. We talked about our dreams and **aspirations**, things we wanted to do with our lives. She told me about her plans to travel the world, and I shared my dream of becoming a writer. As the sun set on another day, we said goodbye once again, promising to keep in touch this time.

Years passed, and our **friendship** remained strong even though we lived in different parts of the country now. We kept in touch through letters and occasional phone calls, sharing news of our lives with each

Parken

Solen höll på att gå ner och parken var tom. Jag satt på bänken och väntade på min **vän**. Vi hade planerat att träffas här för en timme sedan, men hon var alltid sen. Precis när jag höll på att ge upp och gå hem såg jag henne springa mot mig. "Jag är så ledsen", flämtade hon när hon kom fram till bänken. "Mitt tåg blev **försenat.**" "Det är okej", sa jag **förlåtande**. "Jag kom precis hit själv." Vi satte oss ner och pratade en stund och berättade om varandras liv sedan vi träffades senast. Samtalet flöt **lätt** och det kändes som om det inte hade gått någon tid alls sedan vi sågs sist. När solen gick ner tog vi farväl och gick skilda vägar. Nästa gång vi träffades var det i en annan park. Återigen var hon sen, men det gjorde inget. Det var skönt att ha någon att prata med som **förstod** mig. Vi pratade om våra drömmar och **ambitioner,** saker vi ville göra med våra liv. Hon berättade om sina planer på att resa runt i världen, och jag delade med mig av min dröm om att bli författare. När solen gick ner på en annan dag tog vi farväl ännu en gång och lovade att hålla kontakten den här gången.

Åren gick, och vår **vänskap** förblev stark även om vi nu bodde i olika delar av landet. Vi höll kontakten genom brev och tillfälliga telefonsamtal och delade

other. When she announced that she was getting married, I wasn't **surprised** - she had always been the **adventurous** type. But when she asked me if I would be her maid of honor at her wedding ceremony taking place halfway around the world from where I lived... that took some convincing! In the end though I couldn't let my best friend get married without me by her side so despite my fears (and after much pleading from her!)I **agreed** to go along for what turned out to be the **adventure** of a lifetime.

The day of the **wedding** finally arrived. I was nervous, but excited to be a part of such an important moment in my friend's life. The ceremony was beautiful, and she looked happy as she said her vows. **Afterward**, we celebrated with a big party – it seemed like everyone she knew had come to celebrate with her! It was a **magical** day that will never forget, and our friendship only grew stronger after that adventure. Now, years later, we still keep in touch. We've both **changed** a lot since we first met, but our friendship is as strong as ever. Whenever we meet up - whether it's in a park or **halfway** around the world - it feels like no time has passed at all.

nyheter från våra liv med varandra. När hon meddelade att hon skulle gifta sig blev jag inte **förvånad** - hon hade alltid varit den **äventyrliga** typen. Men när hon frågade mig om jag ville vara hennes hedersbrudtärna vid hennes bröllopsceremoni som ägde rum på andra sidan jordklotet från där jag bodde... det krävdes en del övertalning! I slutändan kunde jag dock inte låta min bästa väninna gifta sig utan mig vid hennes sida, så trots mina farhågor (och efter mycket bön från henne!) **gick** jag **med på** att följa med på vad som visade sig bli sitt livs **äventyr.**

Bröllopsdagen kom äntligen. Jag var nervös, men glad över att få vara en del av ett så viktigt ögonblick i min väns liv. Ceremonin var vacker och hon såg lycklig ut när hon avgav sina löften. **Efteråt** firade vi med en stor fest - det verkade som om alla hon kände hade kommit för att fira med henne! Det var en **magisk** dag som jag aldrig kommer att glömma, och vår vänskap blev bara starkare efter detta äventyr. Nu, flera år senare, håller vi fortfarande kontakten. Vi har båda **förändrats** mycket sedan vi träffades första gången, men vår vänskap är lika stark som någonsin. När vi träffas - oavsett om det är i en park eller på **andra sidan** jorden - känns det som om ingen tid har gått alls.

Comprehension Questions

1. Where did the author and her friend first meet?

2. Why was the author's friend late to their meeting?

3. What did the friends talk about when they met up again years later?

4. How did the author feel about attending her friend's wedding ceremony?

5. Describe the setting of the wedding ceremony.

6. How has the friendship between the two women changed over time?

7. What is the author's dream?

8. Where does the author's friend plan to travel?

9. Why was the author hesitant to attend her friend's wedding ceremony?

Frågor om förståelse

1. Var träffades författaren och hennes vän första gången?

2. Varför var författarens vän sen till mötet?

3. Vad pratade vännerna om när de träffades igen flera år senare?

4. Hur kändes det för författaren att delta i sin väns bröllopsceremoni?

5. Beskriv hur bröllopsceremonin går till.

6. Hur har vänskapen mellan de två kvinnorna förändrats med tiden?

7. Vad är författarens dröm?

8. Vart planerar författarens vän att resa?

9. Varför tvekade författaren att delta i sin väns bröllopsceremoni?

www.ingramcontent.com/pod-product-compliance
Lightning Source LLC
LaVergne TN
LVHW012101160826
845678LV00014B/2894

* 9 7 9 8 3 5 3 1 7 8 8 4 2 *